Dynamo 2 Rouge

Pearson

Published by Pearson Education Limited, 80 Strand, London, WC2R 0RL.

www.pearsonschoolsandfecolleges.co.uk

Text © Pearson Education Limited 2019

Developed by Justine Biddle
Edited by Melissa Weir

Designed and typeset by Kamae Design

Produced by Newgen Publishing UK
Original illustrations © Pearson Education Limited 2019
Illustrated by Beehive Illustration: Gustavo Mazali, Martin Sanders;
KJA Artists: Mark, Neal, Pete; and Pete Ellis,
Clive Goodyer, Andrew Hennessey, Alan Rowe.
Picture research by Integra
Cover photo © Getty/Johner Images, Shutterstock/Neale Cousland, Jaklana phongphuek,
A_Lesik, Tala-Natali
Songs composed by Charlie Spencer of Candle Music Ltd. and performed by
Christophe Hespel. Lyrics by Clive Bell and Gill Ramage.
Audio recorded by Alchemy Post (Produced by Rowan Laxton; voice artists: Alice
Baleston, Caroline Crier, Christophe Hespel, Félix Mitchell, Joseph Robert-Murphy, Tobias
Stewart, Albane Tanqueray and Clotilde Tanqueray)
The rights of Clive Bell and Gill Ramage to be identified as authors of this work have
been asserted by them in accordance with the Copyright, Designs and Patents Act 1988.

First published 2019

24
10 9

British Library Cataloguing in Publication Data
A catalogue record for this book is available from the British Library

ISBN 978 1 292 24874 5

Printed in Slovakia by Neografia

Acknowledgements
We would like to thank Aisha Ameer Meea and her students in Mauritius, Dru Beckles,
Florence Bonneau, Nicolas Chapouthier, Barbara Cooper, Sylvie Fauvel, Anne French,
Anne Guerniou, Isabelle Hitchins, Nicola Lester, Chris Lillington, Aaron McKenzie, Pete
Milwright, Isabelle Porcon and Lisa Probert for their invaluable help in the development of
this course.

The authors and publisher would like to thank the following individuals and organisations
for permission to reproduce copyright material:

Text
Module 1: p24: éditions delphine montalant: Jean-Philippe Blondel, 'Accès direct
à la plage', ISBN: 978-2-266-22125-2, © 2003, éditions delphine montalant; **p25:
Flammarion**: Paul Fort, « La mer », in Ballades françaises © Flammarion.

Module 2: p47: Réunion Tourisme: Texte adapté de 'Besoin de soleil et de chaleur en
cette saison d'hiver?', Récupéré de : https://www.reunion.fr/decouvrir/culture/immersion-
culturelle/des-evenements-culturels-incontournables/noel-et-jour-de-l-an-a-la-reunion;
Utilisé avec l'autorisation de Île de La Réunion Tourisme; **p49: Isabelle Hitchins:** Le
bonheur, Isabelle Hitchins, Poème utilisé avec la permission d'Isabelle Hitchins.

Module 3: p71: Milan Jeunesse: Aller au cinéma de Philippe Delerm, de C'est toujours
bien Milan 1994, ISBN 2-7459-0216-4, Utilisé avec la permission de Milan.

Module 4: p95: Isabelle Hitchins

Module 5: p120: City Editions: Jacques Lindecker, En route pour la gloire! Volume
1 de Gagne! (2016) Volume 1 de «L'école des champions», City Editions, ISBN:
9782266265379, Utilisé avec la permission de City Editions.

Photos
(Key: t-top; b-bottom; c-centre; l-left; r-right; tl-top left; tr-top right; bl-bottom left; br-
bottom right; cr- centre right ; cl-centre left; tc-top centre; bc- bottom centre; m-middle)

Module 1: 123RF: Natalya Sidorova 6bl1, Laszlo Konya 6bl2, Rimma Zaytseva 10mr1,
Wasin Tangboriboonsuk 12tl2, Coward lion 14tr2, Valery Shanin 18r, Cottafoto 25t,
Elanathewise 25ml2, Natallia Bystraya 25mr1, HONGQI ZHANG 27; **Alamy Stock Photo**:
The Print Collector 7mc, Art Collection 3 7br, BRUSINI Aurélien/Hemis.fr 8tc, Melnais/
Stockimo 8tr2, Christopher Stewart 10ml2, Kobryn Andrii 10bl2, Jurgita Vaicikeviciene
12bc, Claude Thibault 12tr2, Steve Allen Travel Photography 13c3; **ASTERIX®-
OBELIX®- IDEFIX®/©2018 LES EDITIONS ALBERT RENE/GOSCINNY – UDERZO**
12t,12tl1; **Canadian Space Agency** 7mr; **Getty Images**: Image Source 8tl2, SW
Productions/Photodisc 10ml1; **Library of Congress**: Library of Congress Prints and
Digital Photographs [LC-USZ62-107354] 7bc; **Pearson Education Ltd**: Jules Selmes
10br1, Jules Selmes 18m; **Shutterstock**: Kaca Skokanova 6br1, Fedor Selivanov 6br2,
Samuel Borges Photography 8tl1, Karen Grigoryan 8tr1, Voyagerix 10mr2, Pajtica 10bl1,
Oscity 10br2, Kucher Serhii 14tl1, Alexander Dashewsky 14tl2, The Visual Explorer
14tr1, Iko 16, Sergey Novikov 18l, Lizavetta 19tr, The Dutch Photographer 19tl, Blend
Images 21, Alexey Khromushin 22tl, CREATISTA 22tr, Inga Nielsen 25ml1, Valentyn
Volkov 25mr2; © **Société du Parc du Futuroscope** 13c1, 13c2, 13c4, 13b.

Module 2: 123RF: Gasparij 30bc, Satina 31cr, Christian Mueller 37, Jean-Paul
CHASSENET 38ml, Sergii Koval 38cr, Elena Shashkina 38bl ,Voltan1 38br, Volha
kavalenkava 40tl, Andreas Metz 40cr, Petrochenko Vadym 40br, Margouillat 43tr,
Youssouf Cader 43mr, Wavebreak Media Ltd 47br; **Alamy Stock Photo**: John Mitchell
31, Newzulu/CrowdSpark 34tl, Illia Girnyk 34tr, Shaun Higson 34br, Menigault Bernard
35cl, Mick Rock/Cephas Picture Library 35cr, Christian Goupi/Age Fotostock 40tr,
RIEGER Bertrand/hemis.fr 40tl, Cindy Hopkins 40cl, Andy Buchanan 48tl, Jay Levine/
Planetpix/NASA Photo 48c; **Getty Images**: Jean-Michel COUREAU/Gamma-Rapho 48br;
© **Kate Mackinnon 2018** 38mr; **Pearson Education Ltd**: Jules Selme 39tl & 39tr;
Shutterstock: Elena Dijour 30tl, Azami Adiputera 30tc, P-Kheawtasang 30tr, Carlos E.
Santa Maria 30bl, DreamSlamStudio 30br, Salvador Aznar 31cl, Maudanros 31r, Creative
Minds2 33, Alexander Sherstobitov 38cl, Medvedeva Oxana 38bc, P_ponomareva 40bl,
Anitasstudio 41, LuisFtas 47tr, Carlos Villalba R/EPA 48 tr, 70sphotography 48 bl.

Module 3: 123RF: Daisydaisy 59tl; **Alamy Stock Photo**: A7A collection/Photo 12 55cl,
Kevin Britland 59tr, Grant Rooney 63ml, Greatstock 63mr, Ulrich Niehoff/ImageBROKER
70mr, Dpa picture alliance 73, Antonio Guillem Fernández 70ml; **Getty Images**: Jeff
Kravitz/FilmMagic, Inc 55cr, Nick David/DigitalVision 55 br, David Wolff-Patrick/Redferns
56tl, Purestock 58tr, Isitsharp/E+ 62tl, PhotoAlto/Odilon Dimier/PhotoAlto Agency rf
Collections 70tl **Shutterstock**: Ian Langsdon/EPA 55tl , Startraks 55tr, Cyril Pecquenard
56tr, Daxiao Productions 62tr, Kiev. Victor 64tl, Jules Selmes 66, Katatonia82 72b;
Nouvelle star/M6/BenjaminDECOIN/Freemantle 54tl, **La France a un incroyable
talent/M6/DA/Freemantle** 54tr, **Le meilleur pâtissier/M6/BenjaminDECOIN** 54ml,
Moundir & les apprentis aventuriers/W9/GuillaumeMIRAND/FanchDROUGARD
54mr, **Affiche réalisée par Antoine Musset © La Fête du Cinéma 2018 –
Fédération Nationale des Cinémas Français/ Premium Events** 54br.

Module 4: 123RF: Fazon 78 mr, Natalia Oskanova 78br, Jakub Gojda 79 tr, Pauliene
Wessel 79cr, Plotnikov 79mr, Alexey Serebrennikov 79bl, Christian Muelle 82tl, Achim
Prill 82ml, Lauradibiase 82tr, Janos Gaspar 82mr, Pawel Kazmierczak 90tr, Vlad Ghiea
91mr, Eva Bocek 91bl, Mikel Martinez de Osaba 95t, Oleksandr Prokopenko 97tl; **Alamy
Stock Photo**: Shaun A Daley 79ml, Clement Philippe/Arterra Picture Library 80ml,
Dmytro Lastovych 80br, Liam Norris/Cultura RM 80cr, Franz Faltermaier/Westend61
GmbH 80bl, Jason Langley 83tr, Betty Johnson/Dbimages 83mr, Wild Images 87cl,
Marmaduke St. John 84tl, Boutet Jean-Pierre/Oredia 84tc, Hugh Threlfall 84ml, Myrleen
Pearson 84mc, Myrleen Pearson 84mr, Michael Honegger 84bc, Dpa picture alliance
85br, Movementway/ImageBROKER 91br; **Bridgeman Images**: Delaunay, Robert (1885-
1941)/ Solomon R. Guggenheim Museum, New York, USA/Mondadori Portfolio/Walter
Mori 96m, Monet, Claude (1840–1926)/Private Collection/Photo © Christie's Images
96b; **Getty Images**: Yann Arthus-Bertrand 87cl, Photo Josse/Leemage/Corbis Historical
96tr; **Shutterstock**: Thomas Brissiaud 78ml, Wangkun Jia 78bl, JHVEPhoto 79cl,
Taniavolobueva 79tl, Duchy 79br, Songquan Deng 81bl, Djinn 81mr, Africa Studio 81br,
Denizo71 84bl, Siamionau pavel 84br, Adam Jan Figel 84tr, Nadezhda Bolotina 85tr,
Sabphoto 89cr, Leoks 90tl, Anilah 90mr, Jon Ingall 90ml, SpeedKingz 94, Jazzmany
95b, JStone 97tc, Sergey Kelin 97tr, David Niviere/Sipa 97bl, Mitch Gunn 97bc, Tony
Moran 97 br.

Module 5: 123RF: Jacek Chabraszewski 104tl, Dolgachov 108, Dean Drobot 110ml,
Andor Bujdoso 110mr, Kostic Dusan 114; **Alamy Stock Photo**: Action Plus Sports
Images 103ml, Juergen Hasenkopf 103mr, Pathe Films/Courtesy Everett Collection
103b, WENN UK 105, Jean Paul Thomas/Icon Sport/ZUMA Press 110br, Colin Underhill
111ml, Redsnapper 115cr; **Getty Images**: Jan-Schneckenhaus 104tr, Steve Debenport/
E+ 120; **Pearson Education Ltd**: Jules Selmes 118; **Shutterstock**: DarioZg 102,
Kieran McManus/BPI 103tl, Colorsport 103tr, Limpopo 104mr, Aflo 110bl, Oleksandr
Osipov 111mr, Leonard Zhukovsky 111br, Roland Hoskins/Associated Newspapers 113,
Featureflash Photo Agency 115b, Muzsy 119tr, Ben Queenborough 119ml.

À Toi: Module 1: 123RF: Freeartist 126ml; **Alamy Stock Photo**: T.malesevic/Stockimo
126mr, Oleksiy Maksymenko Photography 127; **Shutterstock**: Sainthorant Daniel 126m,
Belizar 126br. **Module 2: 123RF**: Pia Violeta Pasat 129c; © **Lucy Loveluck** 129t;
Shutterstock: Jakez 129b. **Module 3: Shutterstock**: Africa Studio 130mr, Zurijeta
130br. **Module 4: 123RF**: Dziewul 132tl, Eduard Kyslynskyy 132tr, Byrdyak 132c
Birdiegal 132bl, Donyanedomam 132br, Chris Dorney 132br; **Shutterstock**: Cynoclub
133b, Pavel dudek 133t. **Module 5: Alamy Stock Photo**: David Broadbent 135.

Websites
Pearson Education Limited is not responsible for the content of any external internet sites.
It is essential for tutors to preview each website before using it in class so as to ensure
that the URL is still accurate, relevant and appropriate. We suggest that tutors bookmark
useful websites and consider enabling students to access them through the school/
college intranet.

Note from the publisher
Pearson has robust editorial processes, including answer and fact checks, to ensure
the accuracy of the content in this publication, and every effort is made to ensure this
publication is free of errors. We are, however, only human, and occasionally errors do
occur. Pearson is not liable for any misunderstandings that arise as a result of errors in
this publication, but it is our priority to ensure that the content is accurate. If you spot an
error, please do contact us at resourcescorrections@pearson.com so we can make sure it
is corrected.

Table des matières

Table des matières

Module 5 *Le sport en direct*

Vive les vacances!

1 Complète le diagramme avec les mois.

L'année (dans l'hémisphère nord)

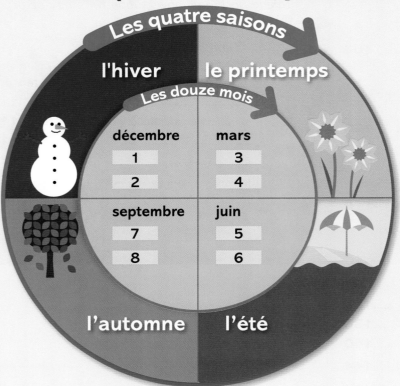

Les quatre saisons

l'hiver — le printemps

Les douze mois

décembre	mars
1	3
2	4
septembre	juin
7	5
8	6

l'automne — l'été

The French school year is split into five terms, with a total of 16 weeks of holiday:

Vacances de la Toussaint:
2 semaines (octobre–novembre)

Vacances de Noël:
2 semaines (décembre–janvier)

Vacances d'hiver:
2 semaines (février ou février–mars*)

Vacances de printemps:
2 semaines (avril ou avril–mai*)

Grandes vacances:
8 semaines (juillet–août)

*These dates vary, depending on which regional 'zone' you are in. This is to avoid too much holiday traffic on the roads!

2 C'est quelle destination francophone?

Des destinations de vacances de rêve!

1 un groupe de petites îles à 1750 kilomètres à l'est de l'Australie
2 un pays alpin en Europe qui a une frontière avec la France
3 un pays chaud dans le nord de l'Afrique, sur la mer Méditerranée
4 une île tropicale aux Antilles où on fête Mardi gras avec un grand carnaval

les Antilles the West Indies

la Tunisie

Vanuatu

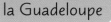
la Guadeloupe

la Suisse

Regarde l'infographie. Trouve les bonnes réponses.

Les activités en vacances

Quand il fait beau, les Français aiment …

Quand il fait mauvais, les Français aiment …

faire une balade	74%	66%	visiter des monuments
se reposer	70%	45%	manger au restaurant
aller à la plage / nager dans la mer	62%	43%	rester à l'hôtel
jouer / faire du sport	23%	11%	jouer / faire du sport

When the weather is good, …
1 74% of people like …
2 62% like …
3 23% like …

When the weather is bad, …
4 66% of people like …
5 45% like …
6 43% like …

to go for a walk   to eat out   to play / do sport

to visit monuments   to stay in the hotel

to go to the beach / to swim in the sea

C'est quelle personne francophone?

Des voyages extraordinaires!

1 la première femme franco-canadienne à bord de la Station spatiale internationale

2 l'auteur du livre *Le tour du monde en 80 jours*, source d'inspiration pour des films, des dessins animés, des chansons et des jeux vidéo

3 la première femme à faire le tour du monde en bateau – déguisée en homme!

4 le premier homme à traverser la Manche en avion, en 1909

la Manche   the English Channel

a

Jules Verne, écrivain (1828–1905)

b

Julie Payette, astronaute (1963–)

c

Louis Blériot, aviateur (1872–1936)

d

Jeanne Baret, exploratrice (1740–1807)

- Talking about school holidays
- Revising the verbs *avoir* and *être*

1 **Écoute et lis. Ils ont combien de vacances et quand? Écris des notes en anglais.**
Listen and read. Note down in English how much holiday they have and when.

1
Je m'appelle Anaïs et j'habite en France. Ici, on a huit semaines de vacances en été – et nous avons deux semaines en février, pour le ski! J'ai des amis partout dans le monde francophone …

2
Mon demi-frère Alex habite au Québec. Il a une semaine de vacances en mars.

3
J'ai un corres en Tunisie. Là-bas, ils ont trois jours de vacances en septembre. C'est pour une fête musulmane.

4
J'ai aussi une copine en Guadeloupe. Elle a deux semaines de vacances en février pour le carnaval.

5
Mes cousines habitent à Vanuatu. Elles ont huit semaines de grandes vacances en décembre et en janvier. C'est l'été là-bas!

Et toi? Tu as combien de semaines de vacances?

partout	everywhere
là-bas	over there

2 **Écoute et écris en anglais. (1–5)**
a Who is being talked about?
b How much holiday do they have?
c When?

seulement	only
Pâques	Easter

The verb **avoir** (to have) is an important irregular verb. You will need to use it a lot in this module!

j'**ai**	I have
tu **as**	you (singular) have
il/elle / on **a**	he/she has / we have
nous **avons**	we have
vous **avez**	you (plural or polite) have
ils/elles **ont**	they have

How many parts of **avoir** can you spot in the texts in exercise 1?

3 **En tandem. Fais une conversation. Ton/Ta camarade joue le rôle d'un(e) ami(e) français(e).**

- *Où habites-tu?*
- *J'habite à <u>Manchester</u>, <u>en Angleterre</u>.*
- *Tu as combien de semaines de vacances en été / hiver / …?*
- *Nous avons … . Et toi? Tu as combien de semaines de vacances en …?*

J'habite	**en**	Angleterre / Écosse / Irlande (du Nord).
	au	pays de Galles.

The letter **s** at the end of a word is normally silent. But when the next word begins with a vowel sound, you pronounce the final **s** to make it easier to say. This is called <u>liaison</u>. The **s** sounds a bit like **z**.

Nous avons …

Vous avez …

Ils/Elles ont …

Listen again to exercise 2. How many examples of liaison can you hear?

4 Écoute et lis. Copie et complète le tableau en anglais. (1–5)

name	where	who with
Eva	mountains	

Tu es où en vacances?

Je suis à la montagne avec mes parents. C'est assez intéressant. Et toi? Tu es où?
Eva

Je suis en vacances avec ma sœur. Nous sommes au bord de la mer. C'est trop marrant! Mes parents sont en Écosse.
Hugo

Je suis en colonie de vacances avec mes copains. C'est triste. Il pleut tout le temps et c'est complètement nul!
Leila

Je suis chez mes grands-parents. Je suis ici avec mon père. C'est très sympa. Mon frère n'est pas là. Il est au Canada, chez son corres!
Kassem

Je suis en Belgique avec la famille d'une copine. Nous sommes à la campagne, mais c'est un peu ennuyeux. Vous êtes en vacances aussi?
Olivia

Je suis en vacances …

au bord de la mer.

à la montagne.

à la campagne.

en colo (en colonie de vacances).

chez mes grands-parents.

 G
The verb *être* (to be) is another key irregular verb.

je **suis**	I am
tu **es**	you are (singular)
il/elle/on **est**	he/she is / we are
nous **sommes**	we are
vous **êtes**	you are (plural or polite)
ils/elles **sont**	they are

Find all six forms of *être* in the text in exercise 4.

5 Trouve six opinions dans le texte de l'exercice 4. Copie et traduis les opinions.

Exemple: C'est assez intéressant. It's quite interesting.

6 En tandem. Lis la conversation à haute voix. Puis répète la conversation, mais change les détails soulignés.

- *Salut, c'est moi! Tu es où?*
- *Je suis à la campagne, avec ma famille. C'est assez sympa. Et toi, tu es où?*
- *Je suis en vacances avec mes amis. Nous sommes au bord de la mer. C'est génial!*

Pay attention to your pronunciation of the following sounds:

 en vacances   grands-par*en*ts

 camp*agn*e   mont*agn*e

7 Tu es en vacances! Écris un message à un(e) corres français(e).

Include:
- where you live
- how many weeks' holiday you have and when
- where you are on holiday and who with
- your opinion of the holiday
- a question about your friend's holidays.

Salut! Ça va? J'habite au / en …
Ici, on a … de vacances en …
Je suis en vacances avec … Nous sommes …

Tu as passé de bonnes vacances?

- Saying what you did during the holidays
- Using the perfect tense of regular –er verbs

Écouter 1

Associe les photos et les phrases. Puis écoute et note la bonne lettre pour chaque personne. (1–8)

1 J'ai joué au tennis.

2 J'ai mangé des glaces.

3 J'ai retrouvé mes amis.

4 J'ai écouté de la musique.

5 J'ai acheté des baskets.

Pendant les vacances …

6 J'ai regardé des clips vidéo.

7 J'ai nagé dans la mer.

8 J'ai traîné à la maison.

G

The perfect tense is a past tense. Use it to say what you <u>did</u> or <u>have done</u>.

To form the perfect tense of most verbs, you need:

1 part of the verb **avoir**

2 a past participle (*joué*, *mangé*, etc.).

To form the **past participle** of regular –er verbs, take the –*er* ending off the infinitive and replace it with –*é*.

regarder ➡ *regardé*

j'**ai** *regardé*	I watched
tu **as** *regardé*	you (singular) watched
il/elle/on **a** *regardé*	he/she / we watched
nous **avons** *regardé*	we watched
vous **avez** *regardé*	you (plural or polite) watched
ils/elles **ont** *regardé*	they watched

Page 26 ▶

a   b   c   d

e   f   g   h

Parler 2

En tandem. Trouve dans l'exercice 1 les verbes au passé composé. Lis les verbes à haute voix.

1 I ate
2 I listened to
3 I swam
4 I played
5 I met up with
6 I bought
7 I hung around
8 I watched

Take care with the pronunciation of –*ai* and –*é*. Say them as a <u>short</u> sound (<u>not</u> long like 'ay' in English).

j'ai

écouté

3 **Écoute et note en anglais (1–4):**

a the activity or activities mentioned
b any extra details.

 4 **En tandem. Fais une conversation au sujet des vacances.**

- *Pendant les vacances, **tu as** joué au foot?*
- *Oui, **j'ai** joué au foot dans le parc et **j'ai** nagé à la piscine. Et toi? **Tu as** nagé aussi?*
- *Non, mais **j'ai** joué au basket et **j'ai** …*

 5 **Lis le rap et devine les verbes qui manquent. Écoute et vérifie, puis chante!**

La première semaine des vacances

La première semaine des vacances, j'ai crié « youpi! »

J'ai chanté, j'ai dansé et j'ai organisé plein d'activités avec mes amis.

Le lundi, j'ai __1__ Jean-Marc. On a joué au football dans le parc.

Le mardi, j'ai bricolé avec Zoé. On a créé de très jolis bracelets.

Le mercredi, j'ai invité Chloé. On a __2__ un film à la télé.

Le jeudi, j'ai __3__ avec William. On a préparé des pizzas, miam-miam!

Le vendredi, j'ai rigolé avec Léo. On a __4__ à des jeux vidéo.

Le samedi, j'ai retrouvé Lucile. On a __5__ des BD en ville.

Mais j'ai passé le dimanche sans mes amis,

j'ai __6__ au lit et j'ai beaucoup dormi!

plein de/d'	loads of
bricoler	to make things
dormir	to sleep

 6 **Tu es une célébrité. Décris ta semaine de vacances.**

- Use the perfect tense with *on*, as well as *je*.
- Include details (e.g. where, who with).
- Don't forget the acute accent on past participles (–é).

Le lundi, j'ai retrouvé Emma Stone à Los Angeles. On a nagé dans la piscine de Ryan Gosling.

Le mardi, …

• Describing a visit to a theme park
• Using the perfect tense of irregular verbs

Lire

1 Associe les phrases et les photos.

> Qu'est-ce que tu as fait pendant les vacances?

> J'ai visité un parc d'attractions.

Ma visite au Parc Astérix

L'album de photos de **Nathan**

ASTERIX®-OBELIX®-IDEFIX®/© 2018 LES ÉDITIONS ALBERT RENÉ/GOSCINNY - UDERZO

1 J'ai bu un coca au café.
2 J'ai pris beaucoup de photos.
3 J'ai vu un spectacle.
4 J'ai fait une balade en bateau.
5 J'ai vu mes personnages préférés.
6 J'ai fait tous les manèges.

> **les manèges**   *the rides*

Écouter

2 Écoute et note les bonnes lettres de l'exercice 1. (1–3)

Écouter

3 Écoute, copie et complète le texte avec les mots des cases. Puis traduis le texte en anglais.

Après   D'abord   Ensuite

Finalement   Puis

G

Some verbs are irregular. You need to learn the **past participles** by heart!

boire (to drink) ➡ *j'ai bu* (I drank)
voir (to see) ➡ *j'ai vu* (I saw)
faire (to do / make)* ➡ *j'ai fait* (I did / made)
prendre (to take) ➡ *j'ai pris* (I took)

faire can have other meanings. It often means 'to go', or 'to go on'.

Page 26

Pendant les vacances, j'ai visité un parc d'attractions avec ma famille. **1** , j'ai fait tous les manèges. **2** , j'ai mangé un hamburger-frites et j'ai bu un Orangina. **3** , j'ai pris des selfies avec mes personnages préférés. **4** j'ai fait une balade en bateau sur la rivière. **5** , j'ai vu un spectacle. C'était fantastique!

4 Écoute et note (1–3):

a the activities mentioned **b** the opinion.

5 En tandem. Devine qui c'est! Utilise les images.
Answer as one of the people below. Your partner has to work out who you are, but he/she cannot guess until you have finished speaking!

- *Qu'est-ce que tu as fait au parc d'attractions?*
- *D'abord, j'ai fait les manèges. C'était génial! Après / Ensuite, … Puis … Finalement …*
- *Tu es Clara!*
- *Oui, je suis Clara! / Non, tu as fait une erreur!*

> To say what something <u>was</u> like, use:
> **C'était** … (+ adjective).
> **C'était** *marrant / amusant.* **It was** funny.
> Here are some adjectives for giving opinions. What do they mean? Are there any others you could use?
> *ennuyeux, fantastique, sympa, nul, génial, intéressant*
> Note: *Ce n'était pas mal* means 'It wasn't bad'.

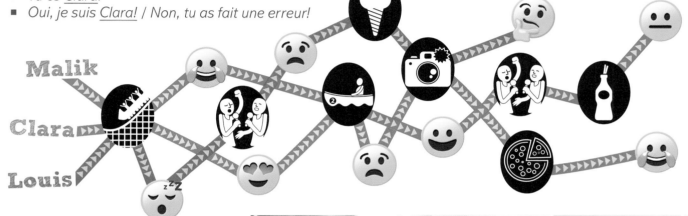

Malik
Clara
Louis

6 Lis le texte et choisis les bonnes réponses dans les cases.

Who …
1 went on all the rides?
2 had a drink?
3 ate pancakes?
4 took photos?
5 saw a show?
6 watched a film?

Jade   the whole family
Jade and her sister
Jade's dad   Jade's parents
three of the family

monter très haut en l'air
to go very high up in the air

futuroscope

Pendant les vacances, j'ai visité le parc d'attractions Futuroscope avec ma famille.

D'abord, ma sœur et moi avons fait tous les manèges. C'était super! Mes parents ont bu quelque chose à l'Aérobar, un bar qui monte très haut en l'air.

Ensuite, nous avons mangé des crêpes avec mes parents. Dans le restaurant, j'ai vu mes personnages préférés et j'ai pris plein de photos. C'était trop marrant!

Après, ma mère, ma sœur et moi avons vu un spectacle extraordinaire qui s'appelle *Drone Academy*. Mon père a regardé un film au sujet de Thomas Pesquet, l'astronaute français qui a passé six mois à bord de la Station spatiale internationale.

C'était une journée magique!
Jade

7 Décris une visite (réelle ou imaginaire) à un parc d'attractions.

Pendant les vacances, j'ai visité le parc d'attractions <u>Alton Towers</u> avec <u>mes copains</u>. D'abord, j'ai … C'était … Ensuite, …

3 Tu es allé(e) où?

- Saying where you went and how
- Using the perfect tense of verbs that take *être*

1 Écoute et lis. Pour chaque personne note en anglais:
a who they went on holiday with
b where they went.

Tu es allé(e) où en vacances? Et avec qui?

1 Je suis allé en vacances avec ma famille. Nous sommes allés en Espagne. Mathis

2 Je suis allée en vacances avec mes parents. Nous sommes allés en Grèce. Ambre

3 Je suis allée en vacances avec ma sœur. Nous sommes allées au Maroc. Clara

4 Je suis allé en vacances avec mes copains. Nous sommes allés aux États-Unis. Samuel

2 Écoute et note en français pour chaque personne:

a Où?
b Avec qui?
c Transport?
d Opinion

1 Samira
2 Ryan
3 Justine

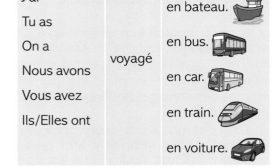

		en avion.
J'ai		en bateau.
Tu as		en bus.
On a	voyagé	en car.
Nous avons		en train.
Vous avez		en voiture.
Ils/Elles ont		

 G

Some verbs use *être* (not *avoir*) to form the perfect tense.

The **past participle** of these verbs must <u>agree</u> with the subject. Add an extra *–e* if the subject is **feminine** and *–s* if the subject is **plural**.

aller	to go
je suis allé(e)	I went
tu es allé(e)	you (singular) went
il est allé/elle est allée	he/she went
on est allé(e)s	we went
nous sommes allé(e)s	we went
vous êtes allé(e)(s)	you (plural or polite) went
ils sont allés/elles sont allées	they went

Other verbs that take *être* in the perfect tense include *arriver* (to arrive), *partir* (to leave), *rester* (to stay) and *rentrer* (to return).

Look back at exercise 1 and look at the past participles that agree, and explain why.

Page 27

3 Écris des phrases pour chaque personne de l'exercice 2.

Je suis <u>allé(e)</u> en vacances avec <u>mes parents</u>. Nous sommes allés en … Nous avons voyagé en … C'était …

What agreement (if any) do you need to add to **allé** in each sentence? Note: verbs that take *avoir* do <u>not</u> agree: *Nous avons voyagé*.

4 En tandem. Fais deux conversations. Utilise les idées dans les bagages. Puis invente une troisième conversation.

- *Tu es allé(e) en vacances avec qui?*
- *Je suis allé(e) en vacances avec …*
- *Vous êtes allé(e)s où?*
- *Nous sommes allé(e)s <u>au/en/aux</u> …*
- *Vous avez voyagé comment?*
- *Nous avons voyagé …*
- *C'était comment?*
- *…*

> Remember to pronounce a final **s** when the next word begins with a vowel.
> *je sui**s** allé(e)*   *nous somme**s** allé(e)s*
> *nou**s** avons voyagé*
> The same applies to a final ***t**: il/elle/on es**t** allé(e)(s).*

5 Écoute et lis l'histoire. Vrai ou faux?

Le tour du monde en quatre-vingts jours
par Jules Verne

En 1872, un gentleman anglais, Phileas Fogg, a fait le pari de faire le tour du monde en quatre-vingts jours.

Fogg est parti de Londres le 2 octobre à 20h45. D'abord, il est allé à Paris en bateau et en train.

Ensuite, il est allé en Italie en train, puis en Égypte en bateau. Ensuite, de l'Égypte, il a pris un deuxième bateau et il est arrivé à Bombay, en Inde, après treize jours.

Il a voyagé de Bombay à Calcutta en train (et aussi à dos d'éléphant!). Puis il est parti en bateau aux États-Unis. Il est arrivé à San Francisco après quarante-et-un jours!

Finalement, Fogg est allé de New York à Londres en train et en bateau. Il est rentré à Londres le 21 décembre à 20h50 – cinq minutes en retard! Est-ce que Phileas Fogg a perdu le pari?

Mais non! Quand on fait le tour du monde, on gagne vingt-quatre heures!

1 Fogg bet that he could travel around the world in 24 days.
2 He travelled from London to Paris by plane.
3 It took him more than a week to travel from Egypt to India.
4 He travelled across India by train and by elephant.
5 The journey from India to the USA took him 41 days.
6 Fogg lost the bet.

faire le pari	to make a bet
en retard	late
perdre	to lose
gagner	to gain / win

6 Traduis en français.

If you are female, make the past participle agree!

Use *nous* and add plural agreement on the past participle.

Do you need *en*, *au* or *aux* for 'to'?

Do these verbs take *avoir* or *être* in the perfect tense?

1 I went on holiday with my family.
2 We went to Morocco by plane.
3 I swam in the sea and I took lots of photos.
4 It was very interesting.
5 What did you do?

4 Quel désastre!

• Listening for negatives in the perfect tense
• Reading to spot the perfect tense in a text

1 Écoute et lis les phrases. Pour chaque phrase, note en anglais:

a what she didn't do
b why she didn't do it.

Manon Malheur

1 Je n'ai pas pris de photos parce que j'ai perdu mon portable.

2 Je n'ai pas joué en ligne parce que le wifi à l'hôtel était nul.

3 Je n'ai pas acheté de souvenirs parce que c'était trop cher.

4 Je n'ai pas nagé dans la mer parce que ma mère a vu des méduses.

5 Nous n'avons pas mangé au restaurant parce que c'était sale.

6 Nous ne sommes pas allés au parc d'attractions parce qu'on a raté le bus.

To decode meaning, look for clues and apply logic! For example, can you work out what the adjective **cher** means?

la méduse	*jellyfish*
sale	*dirty*

2 Qu'est-ce qu'ils ont fait? Qu'est-ce qu'ils n'ont pas fait? Note les deux bonnes lettres pour chaque personne et écris ✓ ou ✗. (1–4)

Exemple: **1** d ✓, …

un porte-monnaie	*purse*

G

To make a perfect tense verb negative, put **ne … pas** around the part of *avoir* or *être*. Remember, **ne** shortens to **n'** in front of a vowel.

Je n'ai pas regardé la télé.
Nous ne sommes pas allés à la plage.

After a negative, **un, une** and **des** become **de**:
Je n'ai pas acheté de souvenirs.

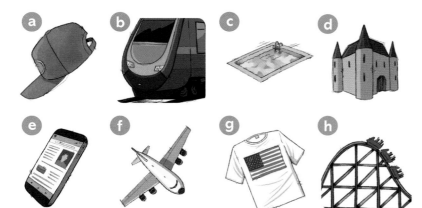

a b c d
e f g h

When listening or reading, there may be extra details (distractors) that could trip you up. **TRAPS** will help you to be ready for them:

T = **T**ense / **T**ime frame
R = **R**eflect, don't **R**ush
A = **A**lternative words / synonyms
P = **P**ositive or negative?
S = **S**ubject (person involved)

Here, **P** is important – you need to spot if the verbs are in the positive or negative form.

3 Écris des phrases en français pour chaque personne de l'exercice 2. Puis lis les phrases à haute voix.

1 J'ai visité le château, mais je ne suis pas allé(e) …

4 Écoute et lis. Trouve les <u>douze</u> verbes au passé composé.

Exemple: je suis allé, …

Mes vacances désastreuses – par Clément Catastrophe

1 L'année dernière, je suis allé en Grèce avec ma famille. Quel désastre! D'abord, j'ai oublié mon passeport à la maison.

2 Nous sommes arrivés en retard à l'aéroport et nous avons raté l'avion. Mon père était furieux.

3 Ensuite, je suis tombé sur la plage et j'ai cassé mon portable.

4 Après, nous avons visité un parc d'attractions où j'ai perdu mon porte-monnaie, avec tout mon argent dedans!

5 Puis le soir, au restaurant, j'ai choisi le poisson, mais après, j'ai vomi! Quelle horreur!

6 Finalement, je suis resté trois jours au lit et je ne suis pas sorti de l'hôtel. C'était complètement nul!

It will help you to decode texts if you can spot whether they are about the past or the present. Recognising verbs in the perfect tense will help with this. There are two perfect (past) tense verbs per frame of the cartoon. Some take **avoir** and some take **être**. A few of them are new. Can you spot them and work out what they mean from the context and the pictures?

G

A small number of verbs have infinitives ending in *–ir* (e.g. **vomir** – to vomit) or *–re* (e.g. **perdre** – to lose). They form their past participles like this:

vomir ➡ *vom**i*** *J'ai vom**i** au restaurant.*

perdre ➡ *perd**u*** *Il a perd**u** son portable.*

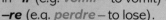

Page 26

5 Copie et complète le tableau avec les verbes de l'exercice 4.

verb in text	meaning	infinitive	takes *avoir*	takes *être*
je suis alle	I went	aller		✓

6 Écoute et écris les phrases en français. (1–5)
Listen and transcribe the sentences. Pay attention to spelling, accents and agreements!

7 Décris des vacances désastreuses! Adapte le texte de l'exercice 4. Invente les détails.

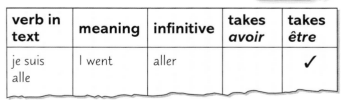

L'année dernière, je suis allé(e) <u>aux États-Unis avec mes copains</u>.

D'abord, j'ai perdu mon porte-monnaie <u>dans le bus</u> et je n'ai pas / je ne suis pas …

Ensuite, … Après, … C'était …

• Asking and answering questions
• Using the present and perfect tenses together

Écouter 1 Écoute et lis. Copie et complète les phrases en anglais.

Normalement, pendant les vacances …

je vais en colo, à la campagne.

je voyage en car.

je nage dans la piscine.

je fais du sport.

je mange des hamburger-frites.

C'est un peu ennuyeux.

Cécile

Mais l'année dernière, j'ai gagné un concours!

Je suis allée à Vanuatu.

J'ai voyagé en avion.

J'ai nagé dans la mer.

J'ai fait de la voile et j'ai vu des dauphins!

J'ai mangé des fruits de mer.

C'était vraiment génial!

un concours	a competition
faire de la voile	to go sailing
un dauphin	a dolphin
des fruits de mer	seafood

1 Normally she goes …, but last year she went …
2 Normally she travels …, but last year …
3 Normally she swims …, but last year …
4 Normally she does …, but … she went … and she saw …
5 Normally she eats …, but …
6 Normally it's …, but … it was really …

Écouter 2 Écoute, note les activités en anglais et écris PR (présent) ou PA (passé composé). (1–5)

Don't expect to always hear time expressions (*normalement / d'habitude, l'année dernière*) as a clue to the time frame. Get used to listening for the tense of the verb.

 G

Use the <u>present tense</u> to say what you <u>normally or usually do</u>:

*Normalement, **je mange** à la maison et **je vais** au cinéma.*

Normally, **I eat** at home and **I go** to the cinema.

Use the <u>perfect tense</u> to say what you <u>did last year</u>:

*L'année dernière, **j'ai mangé** au restaurant et **je suis allé(e)** à la plage.*

Last year, **I ate** in a restaurant and **I went** to the beach.

Pages 26–27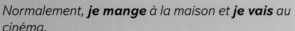

Parler 3 Lis le texte à haute voix et puis change les détails. Utilise les images. Puis relis le texte et utilise tes propres idées.

Normalement, je vais en Italie avec ma famille. On voyage en train. Je visite des monuments et je joue au tennis. Le soir, on mange une pizza au restaurant. C'est assez sympa.

Mais l'année dernière, j'ai gagné un concours et je suis allé(e) en Australie avec mon copain! On a voyagé en avion. J'ai fait une randonnée à la montagne et j'ai vu des kangourous! C'était hyper-cool!

4 Écoute et lis. Réponds aux questions en anglais.

Je m'appelle Antoine. Normalement, pendant les grandes vacances, je vais en Belgique avec mes parents. Nous faisons des randonnées à la campagne, mais c'est complètement nul!

Cependant, l'année dernière, j'ai gagné un concours et je suis allé en Afrique du Nord!

D'abord, j'ai voyagé en avion en Tunisie où j'ai fait de la plongée sous-marine. Je n'ai pas vu de dauphins, mais j'ai nagé avec des tortues marines. C'était vraiment génial!

Ensuite, je suis allé en Algérie où j'ai acheté des souvenirs au marché traditionnel et après, j'ai mangé du couscous au restaurant. Cependant, j'ai perdu mon portable, alors je n'ai pas pris de photos. Quel désastre!

Finalement, je suis parti au Maroc où j'ai fait une balade à dos de chameau dans le Sahara. C'était une expérience inoubliable!

Look at how Antoine uses **où** (where) to create longer sentences, and underlined negatives to contrast what he did and didn't do. He also uses exclamations and opinions with **complètement** (completely) and **vraiment** (really).

1 Where does Antoine normally go on holiday?
2 What does he think of it?
3 Why did he travel to North Africa last year?
4 Where did he go scuba diving and swim with turtles?
5 What did he do at the market in Algeria?
6 What went wrong during his trip to Algeria?
7 What unforgettable experience did he have?

5 En tandem. Fais une interview avec Antoine.

- *Qu'est-ce que tu fais normalement pendant les vacances?*
- *Normalement, je vais …*
- *Et l'année dernière, qu'est-ce que tu as fait?*
- *L'année dernière, j'ai gagné … et je suis allé …*
- *Tu as voyagé comment?*
- *Qu'est-ce que tu as fait d'abord?* ▪ …
- *Qu'est-ce que tu as fait ensuite?* ▪ …
- *Qu'est-ce que tu as fait finalement?* ▪ …
- *Qu'est-ce que tu as mangé?* ▪ …
- *C'était comment?* ▪ …

G

Saying 'to', or 'in' with countries:

- Most countries are feminine: *en Tunisie, en Australie, …*
- A few countries are masculine: *au Canada, au Maroc, …*
- A small number of countries are plural: *aux États-Unis, …*
- With islands, use: *à Vanuatu, à Madagascar, …*

6 Imagine que tu as gagné un concours! Fais des recherches et prépare des notes.

7 En tandem. Fais une interview. Ton/Ta camarade pose les questions de l'exercice 5. Réponds et utilise tes notes de l'exercice 6.

Use:
- the present tense
- the perfect tense with *avoir* and *être,* including liaison (*je suis allé(e)*)
- *où* to connect ideas
- negatives
- an exclamation and *vraiment* or *complètement* with an opinion.

Normalement: …
L'année dernière: …
Transport: …
D'abord: …
Ensuite: …
Finalement: …
J'ai mangé: …
Opinion: …

Bilan

P

I can ...
- talk about school holidays: .... *J'ai six semaines de vacances en été.*
- say where I am, who with and what it's like: .... *Je suis au bord de la mer avec ma famille. C'est assez sympa.*
- use *avoir* (to have) and *être* (to be): .... *j'ai, tu as, il/elle/on a, nous ... / je suis, tu es, il/elle/on est, nous ...*

1

I can ...
- say what I did during the holidays: .... *Pendant les vacances, j'ai nagé dans la mer.*
- form the **perfect tense** of regular *–er* verbs: .... *j'ai joué, nous avons regardé, ...*

2

I can ...
- describe a visit to a theme park: .... *D'abord, j'ai fait tous les manèges. Ensuite, j'ai bu un jus d'orange.*
- form the **perfect tense** of irregular verbs: .... *j'ai pris, nous avons vu*

3

I can ...
- say where I went, who with and how I travelled: ...... *Je suis allé(e) en Espagne avec mes copains. Nous avons voyagé en avion.*
- say what it was like: .... *C'était trop marrant!*
- form the **perfect tense** of verbs that take *être*: .... *je suis allé(e), elle est allée, ils sont allés ...*

4

I can ...
- understand accounts of holiday disasters: .... *J'ai perdu mon portable. On a raté l'avion.*
- spot and use the **negative** with **perfect tense verbs**: .... *Je n'ai pas acheté de souvenirs. Je ne suis pas allé en France.*
- understand how *–ir* and *–re* verbs work in the **perfect tense**: .... *j'ai vomi, j'ai perdu*

5

I can ...
- ask and answer questions about a special trip: .... *Qu'est-ce que tu as fait? J'ai fait de la plongée sous-marine.*
- use the **present and perfect tenses together**: .... *Normalement, je vais en Écosse, mais l'année dernière je suis allé(e) au Canada.*

Révisions

1 **Copy and complete the verbs from memory.**

avoir: j'ai, tu ⬚⬚⬚, il/elle/on ⬚⬚⬚, nous ⬚⬚⬚, vous avez, ils/elles ⬚⬚⬚

être: je ⬚⬚⬚, tu es, il/elle/on ⬚⬚⬚, nous ⬚⬚⬚, vous êtes, ils/elles ⬚⬚⬚

2 **In pairs. Name six regular –er verbs. Give the perfect tense of each one with je.**

Example: jouer (to play): *j'ai joué* – I played

Extra challenge! Can you do the same for two *–ir* verbs and one *–re* verb?

3 **What is the past participle of these irregular verbs: *faire, boire, voir, prendre*?
Write a sentence using each one in the perfect tense.**

4 **In pairs. Write down in French:**

a five countries (with *en / au / aux* or *à*)

b five means of transport with *en*

c five opinions with *c'était*.

5 **Translate this message from your French friend, Hugo. Then rewrite the French, changing the underlined details.**

Je suis allé en vacances avec <u>mes parents</u>.
Nous sommes allés <u>au bord de la mer, en Espagne</u>.
On a voyagé <u>en avion</u>. C'était <u>très sympa</u>. ☺

6 **Explain why there is agreement or no agreement on the past participle in each of these verbs.**

1 elle est resté**e**   **2** il est tombé   **3** nous sommes rentré**s**   **4** elles sont allé**es**

7 **In pairs. Ask and answer the questions. Invent the answers!**

1 Tu es allé(e) où en vacances?   **3** Tu as voyagé comment?
2 Avec qui?   **4** C'était comment?

8 **Which of the sentences below are in the present tense? Which are in the perfect tense?
Copy them out with the correct time phrase and translate them.**

Normalement …   L'année dernière …

je suis allé(e) au Maroc.	je vais en France.	je voyage en train.	je mange des glaces.
j'ai nagé dans la mer.	j'ai perdu mon portable.	je fais des randonnées.	je n'ai pas pris de photos.

En focus

Ambre

Gabriel

1 Écoute Ambre et Gabriel. Qu'est-ce qu'ils **n'ont pas fait** en vacances? Écris les **deux** bonnes lettres pour chaque personne.

1 Ambre 2 Gabriel

a	played sports
b	went to the cinema
c	bought souvenirs
d	ate in the restaurant
e	went on a boat ride
f	swam in the sea
g	stayed in the hotel
h	visited monuments

Remember **TRAPS!**

T = **T**ense / **T**ime frame

R = **R**eflect, don't **R**ush

A = **A**lternative words / synonyms

P = **P**ositive or negative?

S = **S**ubject (person involved)

In exercise 1, **P** is important. You need to spot if verbs are positive or negative.

In exercise 2, **T** is important. You need to understand verbs in the present and past tenses.

2 Écoute Simon et note en anglais:

a <u>four</u> things he normally does

b <u>four</u> things he did last year.

3 En tandem. Jeu de rôle. Prépare tes réponses aux questions, puis fais le jeu de rôle.

You are talking to your French penfriend about holidays.

- *Tu es allé(e) où en vacances?*
  - ▪ (Say you went to Spain.)
- *Tu es allé(e) en vacances avec qui?*
  - ▪ (Say you went with your family.)
- *Tu as voyagé comment?*
  - ▪ (Say you travelled by plane.)
- *C'était comment?*
  - ▪ (Say it was great.)
- *D'accord.*
  - ▪ (Ask your friend what he/she did in the holidays.)
- *J'ai fait beaucoup de sport.*

4 En tandem. Lis la conversation à haute voix. Ensuite, prépare tes propres réponses et change les détails soulignés.

- *Qu'est-ce que tu fais normalement, pendant les vacances?*
  - ▪ *Normalement, <u>je fais du sport ou je vais en ville avec mes amis</u>.*
- *L'année dernière, qu'est-ce que tu as fait pendant les grandes vacances?*
  - ▪ *Je suis allé(e) <u>en France</u>, avec <u>ma famille</u>. <u>Nous avons visité un parc d'attractions</u> et <u>j'ai fait tous les manèges</u>.*
- *C'était comment?*
  - ▪ *C'était <u>assez amusant</u>.*

In this conversation, you have to talk about the present <u>and</u> the past. Form the tenses (present and perfect) correctly and pay attention to <u>pronunciation</u>, including liaisons (*je sui**s** allé(e) …, nou**s** avons visité …*).

5 Lis le texte et réponds aux questions. Écris les bons prénoms.

 L'année dernière, ma famille et moi sommes allés en Tunisie en avion. C'était une expérience magique. **Arnaud**

 On a visité un parc d'attractions, mais j'ai perdu mon portable quelque part dans le parc et on a raté le train. **Sophie**

 Normalement, pendant les vacances, nous allons au bord de la mer, mais l'année dernière, on est allés à la montagne. **Farida**

 Je suis allé à la plage et j'ai beaucoup nagé dans la mer. Un jour, j'ai fait de la voile. C'était vraiment amusant. **Quentin**

 Je n'ai pas pris de photos pendant mes vacances en Espagne parce que je suis tombé et que j'ai cassé mon portable. Quel désastre! **Guillaume**

 Pendant les vacances, je suis restée à la maison. J'ai téléchargé de nouveaux jeux et j'ai joué contre ma sœur. **Élodie**

1 Who stayed at home during the holidays?
2 Who had a fun holiday by the sea?
3 Who lost his/her phone?
4 Who did something different from normal last year?
5 Who had a small accident while on holiday?
6 Who flew to a North African country?

> Remember TRAPS! In this exercise, **R**eflect, don't **R**ush! There may be distractors. For example, two people mention mobile phones and two people mention the sea. Read carefully for detail and look at the tense of the verbs.

 6 Traduis en anglais les textes de Farida et de Guillaume.
Translate the two texts, paying careful attention to tenses and negatives.

 7 Traduis les phrases en français.

en, au or *aux*?

> If you are female, make the past participle agree.

1 Normally, in the holidays, I go to France.
2 Last year, I went to Canada with my family.
3 We travelled by plane and we visited a theme park.
4 I went on all the rides, but I didn't buy any souvenirs.
5 It was really great!

> Use *on* or *nous*, but remember they take different parts of the verb!

> Which verb do you need here?

> Where does the *ne (n')* … *pas* go? Use *de* after the verb.

1 **Écoute et lis le texte.**

In this extract, the narrator is a boy called Philippe, who is on holiday with his parents at a French seaside resort. On the beach, there is a 'Club Mickey' activity centre for children.

Accès direct à la plage,
par Jean-Philippe Blondel

Tous les matins, je passe devant le Club Mickey.

Au Club Mickey, ils ont des balançoires, des toboggans, des monos bronzés en tee-shirt, et surtout, ils ont une piscine.

Ma mère dit que c'est ridicule, une piscine sur le bord de mer.

Moi, je trouve pas.

Puis j'entends leurs voix. Ils crient, ils rient, ils s'amusent, eux.

Parfois, on en voit un qui dépasse.

C'est quand ils montent tout en haut du toboggan qui se jette dans la piscine.

le/la mono (moniteur/monitrice)	*activities organiser*
je trouve pas	*I disagree*
rire	*to laugh*
monter	*to go up*

Use the questions to help you understand what is going on in the extract. You don't need to understand every word. Look for words you know and cognates. Remember, you can also sometimes use context to work out the meaning of new words.

 2 **Relis le texte et choisis les bonnes réponses.**

1 The narrator passes the 'Club Mickey' every **morning** / **afternoon** / **evening**.
2 In the club, they have swings, slides and a **skating rink** / **bowling alley** / **swimming pool**.
3 The narrator's mother says it's **a good idea** / **ridiculous** / **dangerous** to have this by the seaside.
4 The narrator can hear the children **shouting and laughing** / **singing and dancing** / **talking and asking questions**.
5 Sometimes, he can see them when they are **on the beach** / **at the top of the slide** / **going home**.
6 Reading 'between the lines', how do you think the narrator feels? **happy** / **angry** / **envious**.

 3 **Trouve dans le texte ces verbes en français.**

1 they have   2 they shout   3 they laugh   4 they have fun   5 they go up

4 Écoute et lis le poème. Puis copie et complète la traduction en anglais.

La mer

La mer brille
Comme une coquille
On a envie de la pêcher

La mer est verte
La mer est grise
Elle est d'azur
Elle est d'argent et de dentelle

Paul Fort

The sea

The ▢ shines
Like a shell
You want to fish it

The ▢ is ▢
The ▢ ▢ ▢
It is azure blue
▢ silver and lace

Paul Fort

5 Choisis une photo et écris un poème. Adapte le poème de l'exercice 4.

Exemple: La forêt <u>chante</u>
Comme <u>un oiseau</u>
On a envie d'<u>écouter</u> …

a

La forêt

b

La plage

c

La montagne

d

Le soleil

Use words you know and/or use ideas from the clouds.

- Make adjectives agree: is the subject masculine or feminine?
- Use the correct word for 'it': *il* (masculine noun) or *elle* (feminine noun).
- With regular *–er* verbs, the *il/elle* form of the verb ends in *–e*.
- To check the gender of nouns in a dictionary, look for (m) or (f).

**La forêt / La plage /
La montagne / Le soleil …**
brûler (*to burn*)
chuchoter (*to whisper*)
étinceler (*to sparkle*)
ronfler (*to snore*)

Comme un/une …
dragon (m) (*dragon*)
étoile (f) (*star*)
feu (m) (*fire*)
tigre (m) (*tiger*)

On a envie de/d' …
crier (*to shout*)
explorer (*to explore*)
fuir (*to run away*)
escalader (*to climb*)

Il/Elle est …
beau/belle (*beautiful*)
énorme (*enormous*)
mystérieux/mystérieuse (*mysterious*)
terrifiant(e) (*terrifying*)

6 En tandem. Lis à haute voix ou enregistre ton poème.

Grammaire

The perfect tense of regular verbs
(Unit 1, page 10 and Unit 4, page 17)

1 Translate these verbs into French, using the regular –er, –ir or –re verb in brackets.

1 I danced (*danser*)
2 we (*nous*) chatted (*bavarder*)
3 she downloaded (*télécharger*)
4 you (*tu*) loved (*adorer*)
5 they (*ils*) hated (*détester*)
6 you (*vous*) travelled (*voyager*)
7 we (*on*) organised (*organiser*)
8 he finished (*finir*)
9 I waited (*attendre*)

You use the perfect tense to say what you <u>did</u> or <u>have done</u>.

To form the perfect tense of <u>most</u> verbs, you need:

1 part of the verb **avoir**
2 a **past participle** (e.g. *joué*, *écouté*).

To form the **past participle** of regular –er verbs, take the –er ending off the infinitive and replace it with **–é**.

 The biggest group of verbs is regular –er verbs. Once you know the rule, you can form the perfect tense of hundreds of them!

chanter (to sing) ➡ *chant**é***

j'ai chanté	I sang
tu as chanté	you (singular) sang
il/elle / on a chanté	he/she / we sang
nous avons chanté	we sang
vous avez chanté	you (plural, polite) sang
ils/elles ont chanté	they sang

A small number of verbs have infinitives ending in –ir or –re. They form their past participles like this:

choisir (to choose) ➡ *j'ai choisi* (I chose)

perdre (to lose) ➡ *j'ai perdu* (I lost)

The perfect tense of irregular verbs
(Unit 2, page 12)

2 Find <u>eight</u> regular and <u>four</u> irregular past participles in the word snake and use them to complete the sentences. Then translate the sentences.

1 J'ai ⬚ de la musique et j'ai ⬚ la télé.
2 On a ⬚ tous les manèges, ensuite on a ⬚ un coca.
3 Tu as ⬚ des photos et après tu as ⬚ dans la mer.
4 Ils ont ⬚ un spectacle, puis ils ont ⬚ des glaces.
5 Nous avons ⬚ au foot et nous avons ⬚ le match!
6 Elle a ⬚ sur les montagnes russes et puis elle a ⬚ son portable.

Some common verbs are irregular. Their **past participles** do not follow a rule, so you need to learn each one by heart.

boire (to drink) ➡ *j'ai bu* (I drank)
voir (to see) ➡ *j'ai vu* (I saw)
faire (to do / make) ➡ *j'ai fait* (I did / made)
prendre (to take) ➡ *j'ai pris* (I took)

 Faire is sometimes used to mean 'to go', or 'to go on'.

J'ai fait *une balade en bateau.*
I went on a boat ride.

> **les montagnes russes**   rollercoaster

The perfect tense of verbs that take *être*
(Unit 3, page 14)

3 Read Juliette's passage. Which agreement needs to be added to each past participle? Copy out the sentences, adding the correct agreement.

Juliette

1 L'année dernière, je suis **allé** en vacances, avec ma famille.
2 Nous sommes **allé** à Londres en train.
3 Nous sommes **arrivé** le lundi soir.
4 Le mardi, ma mère est **allé** aux magasins d'Oxford Street.
5 Mon père, ma sœur et moi sommes **allé** à la Tour de Londres.
6 Je suis **tombé** dans la rue, alors le mercredi, je suis **resté** à l'hôtel avec mon père.
7 Ma mère et ma sœur sont **allé** au théâtre.
8 Nous sommes **rentré** en France le jeudi. Quel désastre!

Some verbs use *être* (not *avoir*) to form the perfect tense.

The **past participle** of these verbs must <u>agree</u> with the subject. Add an extra *–e* if the subject is **feminine** and *–s* if the subject is **plural**.

aller	to go
*je suis **allé(e)***	I went
*tu es **allé(e)***	you (singular) went
*il est **allé**/elle est **allée***	he went/she went
*on est **allé(e)s***	we went
*nous sommes **allé(e)s***	we went
*vous êtes **allé(e)(s)***	you (plural or polite) went
ils sont allés/elles sont allées	they went

Some other useful verbs that take *être* in the perfect tense: *arriver* (to arrive), *partir* (to leave), *entrer* (to go in), *sortir* (to go out), *rester* (to stay), *rentrer* (to return), *tomber* (to fall).

Most verbs that take *être* work in pairs of opposites. Can you spot some pairs in the list above?

Using the negative with verbs in the perfect tense (Unit 4, page 16)

4 Copy out the passage, putting the verbs in brackets into the perfect tense.

Je m'appelle Samuel. L'année dernière, je **1 (aller)** en Espagne avec ma famille. Nous **2 (voyager)** en avion.

Tous les jours, j' **3 (nager)** dans la mer et j' **4 (manger)** beaucoup de glaces, mais je n' ... pas **5 (faire)** de balade en bateau parce que je n'aime pas ça.

Mes parents **6 (visiter)** des monuments, mais je **7 (rester)** sur la plage. Un jour, nous **8 (aller)** aux magasins où j' **9 (acheter)** un tee-shirt. Le soir, nous **10 (voir)** un spectacle de danse. C'était sympa.

Cependant, je n' ... pas **11 (prendre)** de photos parce que j' **12 (casser)** mon portable.

To make a perfect tense verb negative, put **ne (or n')** ... **pas** around the part of *avoir* or *être*.

*Je **n'**ai **pas** visité le musée.*

*Nous **ne** sommes **pas** allés en vacances.*

First decide if the infinitive takes **avoir** or **être**, then look at the subject and use the correct part of the verb. Be sure to form the past participle correctly. Also remember to add agreement to the past participles of verbs that take **être**, where necessary.

Vocabulaire

Point de départ (pages 8–9)

J'habite …	I live …	à la campagne.	in the countryside.
en Angleterre / Écosse /	in England / Scotland /	en colo (en colonie de	at a holiday camp.
Irlande (du Nord).	(Northern) Ireland.	vacances).	
au pays de Galles.	in Wales.	chez mes grands-parents.	at my grandparents' home.
J'ai / On a …	I have / We have …	C'est …	It is …
une semaine / deux	a week / two weeks of	assez	quite
semaines de vacances	holiday	très	very
en janvier / février (etc.).	in January / February (etc.)	trop	too
à Noël / à Pâques.	at Christmas / Easter.	un peu	a bit
Je suis / Nous sommes en	I am / We are on holiday …	complètement	completely
vacances …		nul / sympa	rubbish / nice
au bord de la mer.	at the seaside.	ennuyeux / intéressant	boring / interesting
à la montagne.	in the mountains.	triste / marrant	sad / funny

Unité 1 (pages 10–11) *Tu as passé de bonnes vacances?*

Pendant les vacances …	During the holidays …	j'ai acheté des baskets.	I bought some trainers.
j'ai joué au tennis.	I played tennis.	j'ai regardé des clips	I watched video clips.
j'ai mangé des glaces.	I ate ice creams.	vidéo.	
j'ai retrouvé mes amis.	I met up with my friends.	j'ai nagé dans la mer.	I swam in the sea.
j'ai écouté de la musique.	I listened to music.	j'ai traîné à la maison.	I hung around the house.

Unité 2 (pages 12–13) *Qu'est-ce que tu as fait?*

Qu'est-ce que tu as fait	What did you do during the	J'ai fait tous les manèges.	I went on all the rides.
pendant les vacances?	holidays?	d'abord	first of all
J'ai visité un parc	I visited a theme park.	ensuite / puis	then
d'attractions.		après	after(wards)
J'ai bu un coca au café.	I drank a cola in the café.	finalement	finally
J'ai pris beaucoup de	I took lots of photos.	C'était …	It was …
photos.		fantastique / génial /	fantastic / great /
J'ai vu un spectacle.	I saw a show.	super!	brilliant!
J'ai fait une balade en	I went on a boat ride.	amusant / marrant /	fun / funny /
bateau.		sympa.	nice.
J'ai vu mes personnages	I saw my favourite	intéressant / ennuyeux /	interesting / boring /
préférés.	characters.	nul.	rubbish.
		Ce n'était pas mal.	It wasn't bad.

Unité 3 (pages 14–15) *Tu es allé(e) où?*

Tu es allé(e) où en vacances?	Where did you go on holiday?	en Espagne / France /	to Spain / France / Greece.
Tu es allé(e) en vacances	Who did you go on holiday	Grèce.	
avec qui?	with?	au Maroc / aux États-Unis.	to Morocco / to the USA.
Je suis allé(e) en vacances	I went on holiday with …	Tu as voyagé comment?	How did you travel?
avec …		J'ai voyagé …	I travelled …
ma famille / mes parents /	my family / my parents /	On a / Nous avons voyagé …	We travelled …
mes copains.	my friends.	en avion / en bateau.	by plane / by boat.
On est allé(e)s / Nous	We went …	en bus / en car.	by bus / by coach.
sommes allé(e)s …		en train / en voiture.	by train / by car.

Unité 4 (pages 16–17) *Quel désastre!*

J'ai oublié mon passeport.	*I forgot my passport.*	On a raté l'avion.	*We missed the plane.*
J'ai cassé mon portable.	*I broke my phone.*	On est arrivés en retard.	*We arrived late.*
J'ai perdu mon porte-monnaie.	*I lost my purse.*	Je n'ai pas acheté de souvenirs.	*I didn't buy any souvenirs.*
J'ai choisi le poisson.	*I chose the fish.*	Je n'ai pas pris de photos.	*I didn't take any photos.*
J'ai beaucoup vomi.	*I vomited a lot.*	Je ne suis pas sorti(e).	*I didn't go out.*
Je suis tombé(e) sur la plage.	*I fell over on the beach.*	Quel désastre!	*What a disaster!*
Je suis resté(e) au lit.	*I stayed in bed.*	Quelle horreur!	*How horrible!*

Unité 5 (pages 18–19) *Mon voyage extraordinaire!*

Normalement, pendant les vacances …	*Normally, during the holidays …*	Mais l'année dernière, …	*But last year, …*
je vais en colo, à la campagne.	*I go to a holiday camp, in the countryside.*	j'ai gagné un concours.	*I won a competition.*
je voyage en car.	*I travel by coach.*	je suis allé(e) à Vanuatu.	*I went to Vanuatu.*
je nage dans la piscine.	*I swim in the pool.*	j'ai voyagé en avion.	*I travelled by plane.*
je fais du sport.	*I do sport.*	j'ai nagé dans la mer.	*I swam in the sea.*
je mange des hamburger-frites.	*I eat burgers and chips.*	j'ai fait de la voile.	*I went sailing.*
C'est un peu ennuyeux.	*It's a bit boring.*	j'ai vu des dauphins.	*I saw dolphins.*
		j'ai mangé des fruits de mer.	*I ate seafood.*
		C'était vraiment génial!	*It was really great!*

Les mots essentiels *High-frequency words*

Qualifiers

assez	*quite*
très	*very*
trop	*too*
un peu	*a bit*
complètement	*completely*
vraiment	*really*

Sequencing words

d'abord	*first of all*
ensuite / puis	*then*
après	*after(wards)*
finalement	*finally*

Connectives

où	*where*
avec	*with*

Prepositions

au (+ masculine country)	*to / in*
en (+ feminine country)	*to / in*
aux (+ plural country)	*to / in*
chez Tom	*at Tom's home*

Time expressions

pendant	*during*
normalement	*normally*
l'année dernière	*last year*

Stratégie

Cognates, near-cognates and faux amis

Cognates are spelt the same in French as in English. But remember to learn the correct French pronunciation, as it is usually different from English! How do you pronounce the following?

le bus   le train   des photos   des souvenirs

Near-cognates are nearly – but not exactly – the same as English words. Take extra care when learning to spell words like this!

la musique   le passeport   le désastre

Some words look like cognates, but they are faux amis (false friends). What do these words mean in English?

le car   le spectacle   rester   traîner

J'adore les fêtes!

1 C'est quelle fête?

1 Pâques   **2** Noël   **3** la Chandeleur   **4** le 14 juillet   **5** le Nouvel An   **6** l'Aïd

a

b

c

d

e

f

2 Qu'est-ce que c'est?

1

- a un marché de Noël
- b une bûche de Noël
- c le père Noël

2

- a le chat de Pâques
- b le hamster de Pâques
- c le lapin de Pâques

3

- a une carte d'anniversaire
- b un gâteau d'anniversaire
- c un cadeau d'anniversaire

4

- a des bonbons
- b un feu d'artifice
- c des lampes

3 Comment s'appelle-t-il/elle? Sa fête, c'est ...

1 le deux janvier

2 le trente janvier

3 le vingt-et-un janvier

4 le quatorze janvier

5 le sept janvier

Each date in the French calendar is linked to a saint. People with the same name as a saint will celebrate their name day (**fête**) on that day. Modern first names can often be linked back to older, more traditional ones.

janvier

1 jour de l'An	9 Alix	17 Roseline	25 Apollos
2 Basile	10 Guillaume	18 Prisca	26 Pauline
3 Geneviève	11 Paulin	19 Marius	27 Angèle
4 Odilon	12 Tatiana	20 Sébastien	28 Thomas
5 Édouard	13 Yvette	21 Agnès	29 Gildas
6 Balthazar	14 Nina	22 Vincent	30 Martine
7 Raymond	15 Rémi	23 Barnard	31 Marcelle
8 Lucien	16 Marcel	24 François	

Can <u>your</u> first name be linked to a saint's day? Search for the complete *calendrier des fêtes* online to find the date of your *fête*.

4 C'est quand, la fête pour ces prénoms anglais?

1 Tom

2 Francis

3 Edward

4 Angela

5 William

5 Identifie le pays francophone sur chaque photo.

People often go to the market to buy food for special days and festivals. What similarities can you see between the markets in these French-speaking countries? And what differences? Are there any foodstuffs you don't recognise? Try to find out what they are.

1

un marché au C*n*d*

2

un marché au S*n*g*l

3

un marché en T*n*s*e.

4

un marché en F*a*c*

Point de départ

- Talking about festivals and celebrations
- Saying what you like and dislike

Lire 1 C'est quelle fête?

1 Noël   **2** mon anniversaire   **3** la Saint-Valentin   **4** Pâques   **5** l'Aïd   **6** le Nouvel An

 a    b   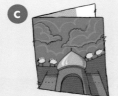 c    d   e    f

Écouter 2 Écoute et identifie la bonne carte de l'exercice 1. (1–6)

Écouter 3 Écoute et lis les textes. Puis trouve les phrases en français.

Quelle est ta fête préférée?

J'aime l'Aïd parce que j'aime rendre visite à mes cousins. C'est marrant. **Yanis**

Je préfère Pâques parce que j'aime manger des œufs en chocolat. **Eva**

J'adore mon anniversaire parce que j'adore faire une soirée pyjama avec mes copains. **Lila**

Je déteste Noël parce que je n'aime pas choisir des cadeaux pour ma famille. **Tom**

Je n'aime pas le 14 juillet parce que c'est ennuyeux et trop militaire. **Sarah**

Je n'aime pas tellement la Saint-Valentin parce que c'est trop commercial. **Nolan**

J'aime beaucoup le Nouvel An. Le 31 décembre, j'aime danser et chanter jusqu'à minuit. **Axel**

Je n'aime pas du tout Halloween parce que c'est bête. **Louis**

1 I love …
2 I really like …
3 I like …
4 I prefer …
5 I don't particularly like …
6 I don't like …
7 I really don't like …
8 I hate …

Lire 4 Relis les textes de l'exercice 3. Copie et complète le tableau en anglais pour chaque personne.

name	opinion + festival	reason(s)
Yanis	likes Eïd	likes visiting his cousins – it's fun

Opinion phrases are often followed by an **infinitive**, which is translated by '–ing'.

j'aime chanter   I like **singing**

Parler

5 Prépare tes réponses aux questions. Puis discute avec ton/ta partenaire.

1 Quelle est ta fête préférée?

2 Quelle fête est-ce que tu n'aimes pas?

J'adore J'aime beaucoup J'aime Je préfère	Noël mon anniversaire la Saint-Valentin Pâques l'Aïd le Nouvel An Halloween le 14 juillet (la fête nationale)	parce que	j'aime je déteste …	danser / chanter / manger / … choisir des cadeaux. rendre visite à ma mère / mes cousins. faire une soirée pyjama.
Je n'aime pas tellement Je n'aime pas Je n'aime pas du tout Je déteste			c'est (trop)	marrant. ennuyeux. commercial. bête. militaire.

> Consonants at the end of words are often <u>silent</u>, e.g. *tout* sounds like 'too'. Practise saying these words: *marran**t**, cadeau**x**, tellemen**t**, tro**p**, beaucou**p**, tou**t**.*

Écrire

6 Écris tes réponses pour le forum de l'exercice 3. Donne deux ou trois raisons pour tes opinions. Utilise le tableau de l'exercice 5 et aussi:

- opinion expressions: *Moi, perso …, à mon avis …, je pense que …*
- extra connectives: *aussi, mais.*

Écouter

7 Écoute et note en français la fête et la date. (1–8)

Exemple: **1** Diwali – le 24 octobre

Pâques   la fête des Mères   Diwali   la fête nationale   la fête de la musique   la Toussaint   la fête du travail   l'Aïd

Écouter

8 En tandem. Lis les chiffres à haute voix.
Puis réponds au quiz.
Écoute et vérifie.

Il y a combien de / d' …

1 jours en octobre?
2 jours de vacances au collège en France?
3 semaines dans l'année?
4 ans dans un siècle?
5 jours pendant le Ramadan?
6 ans dans un millénaire?

20	vingt	85	quatre-vingt-cinq
30	trente	90	quatre-vingt-dix
40	quarante	95	quatre-vingt-quinze
50	cinquante	100	cent
60	soixante	200	deux-cents
70	soixante-dix	350	trois-cent-cinquante
75	soixante-quinze	1 000	mille
80	quatre-vingts	2 000	deux-mille

> You won't often see big numbers written down, but you will often <u>hear</u> them. If you can pronounce numbers correctly, it will be easier to recognise them when you hear them.

Quelle est ta fête préférée?

- Describing festivals and special days
- Using the present tense of regular *–ir* and *–re* verbs

Écouter 1
Écoute et lis les phrases. Devine: c'est la fête A, B ou les deux (A et B)?

A

| attendre ... avec impatience | to look forward to ... |

The ***fête de la musique*** is one of France's most popular festivals. 10 million people enjoy musical events in every town. ***Carnaval*** is another very popular festival in the French-speaking world.

B

1 J'attends la fête de la musique avec impatience.
2 Pour le carnaval, je rends visite à mes grands-parents.
3 Je finis mes devoirs le matin.
4 Je porte des vêtements rouges et un masque.

5 Je retrouve mes copains en ville.
6 Je choisis des vêtements cool.
7 J'entends la musique dans la rue.
8 Je regarde la parade en ville.

Lire 2
Trouve les verbes dans l'exercice 1.

1 I watch
2 I meet
3 I wear
4 I finish
5 I choose
6 I hear
7 I visit
8 I look forward to

Écouter 3
Écoute et lis. Écris le bon verbe pour compléter le texte.

Je m'appelle Océane et j' __1__ en Martinique. Chaque année, j' __2__ le carnaval en février avec impatience. J' __3__ le mardi gras.

Le matin, je __4__ des vêtements rouges. L'après-midi, je __5__ les parades. Les participants __6__ des masques bizarres.

Le soir, j' __7__ des groupes de percussions dans la rue. J' __8__ la musique jusqu'à 4h ou 5h du matin ... C'est incroyable.

Océane

G

You know how to conjugate the present tense of *–er* verbs.

There are two more groups of regular verbs: *–ir* and *–re* verbs.

	–er verbs *danser*	**–ir verbs** *finir*	**–re verbs** *attendre*
je / j'	dans**e**	fin**is**	attend**s**
tu	dans**es**	fin**is**	attend**s**
il/elle / on	dans**e**	fin**it**	attend
nous	dans**ons**	fin**issons**	attend**ons**
vous	dans**ez**	fin**issez**	attend**ez**
ils/elles	dans**ent**	fin**issent**	attend**ent**

Be careful with pronunciation. The underlined verbs in each column all sound the same!

Useful *–ir* verbs: *finir* (to finish), *choisir* (to choose)

Useful *–re* verbs: *attendre* (to wait for), *entendre* (to hear)

Page 50

4 Traduis les phrases en français.

Can you remember these time phrases? Look again at Océane's text in exercise 3 if you need help.

1 Every year I look forward to my birthday.
2 In the morning, I visit my friends.
3 In the afternoon, I finish my homework.
4 In the evening, I meet my dad in town.
5 He chooses a restaurant and then we watch a film.
6 The film finishes at 10 o'clock.

The verbs are all *–er*, *–ir* or *–re* verbs. Use the table on page 34 to conjugate each present tense verb correctly.

5 Écoute et identifie la bonne photo.

Sur la photo À gauche À droite Au centre	il y a	une parade. des spectateurs. un groupe de gens / filles / garçons / musiciens. un groupe d'enfants.
Ils/Elles sont	dans la rue. en ville.	
Ils/Elles	marchent / dansent / jouent d'un instrument.	
Ils/Elles portent des vêtements	traditionnels / colorés / bizarres / incroyables. blancs / bleus / noirs / …	
Ils/Elles	portent des drapeaux.	
Je préfère	Noël / Halloween / mon anniversaire parce que …	

porter to wear or to hold

Find the verbs in the grid with a silent *–ent* ending and practise reading them aloud.

6 En tandem. Pose les questions et donne des réponses pour l'autre photo de l'exercice 5. Utilise le tableau.

1 Qu'est-ce qu'il y a sur la photo?
2 Qu'est-ce qu'ils/elles portent?
3 Quelle est ta fête préférée et pourquoi?

When you are describing a photo, think about the vocabulary you <u>know</u>, and use it. You might have to simplify your ideas a bit. You <u>don't</u> know how to say 'he is wearing a waistcoat and playing an accordion', but you <u>do</u> know how to say 'he is wearing traditional clothes and he is playing an instrument'.

2 Et avec ça?

• Buying food at a market
• Using transactional language

1 **Écoute et note la bonne lettre et le prix. (1–6)**

Exemple: **1** e – 2€50

> Remember that cognates look like English words but sound different. Try saying these, stressing the final syllable to sound more French: *melon, bananes, olives, salade.*

- **a** un melon
- **b** un chou-fleur
- **c** des oignons
- **d** des artichauts
- **e** des tomates
- **f** des bananes
- **g** des pommes
- **h** des citrons
- **i** des pommes de terre
- **j** des haricots verts
- **k** des olives
- **l** des œufs
- **m** le poisson
- **n** le fromage
- **o** le jambon
- **p** la salade

200 grammes de …	200 grams **of** …
un demi-kilo de …	half a kilo **of** …
un kilo de …	a kilo **of** …
une tranche de …	a slice **of** …
un morceau de …	a piece **of** …

2 **Écoute et note en anglais ce qu'ils achètent. (1–12)**

Exemple: **1** 1 kg green beans

> When buying food, you can use:
> - the indefinite article:
>   ***une** banane*
> - a number: ***six** bananes*
> - a quantity followed by **de**:
>   *deux kilos **de** bananes.*
>
> Remember that **de** shortens to **d'** before a vowel or silent **h**:
> *300 grammes **d'**olives.*

3 **Écris la liste en français.**

> 1 kg bananas   300 g olives
>
> a piece of cheese   1 cauliflower
>
> ½ kg green beans   2 kg potatoes
>
> 4 slices ham   6 artichokes

4 **En groupe. Jeu de mémoire. Joue.**

- *Je suis allé(e) au marché et j'ai acheté … deux tranches de jambon.*
- *Je suis allé(e) au marché et j'ai acheté deux tranches de jambon et … un melon.*
- *Je suis allé(e) au marché et j'ai acheté …*

5 Écoute et lis. Trouve les phrases en français.

1 That's … please.
2 Thanks, have a nice day.
3 Anything else?
4 I would like …
5 That's all, thanks.

6 Is that all?
7 What would you like?
8 Here you are.
9 How much is that?

- *Bonjour, monsieur. Vous désirez?*
- *Je voudrais un kilo de tomates, s'il vous plaît.*
- *Et avec ça?*
- *Je voudrais quatre artichauts, s'il vous plaît.*
- *C'est tout?*
- *C'est tout, merci. Ça fait combien?*
- *Ça fait 10€15, s'il vous plaît.*
- *Voilà.*
- *Merci, bonne journée.*
- *Au revoir, madame.*

> Buying food at a market is an example of a <u>formal situation</u>. To be polite:
> - use the formal word for you: **vous**
> - address the stallholder as **monsieur** or **madame**
> - use **je voudrais** (I would like), **s'il vous plaît** and **merci**.

6 Écoute et note en français (1–3):

a ce qu'ils achètent
b le prix en euros.

7 Écoute encore une fois. Identifie la question-surprise. Traduis la question en anglais. (1–3)

a Vous êtes en vacances?
b Vous voulez un sac en papier ou en plastique?
c Vous voulez goûter le fromage?

vouloir	to want (to)	**G**
je veux	I want	
tu veux	you want	
il/elle/on veut	he/she wants / we want	
nous voulons	we want	
vous voulez	you want	
ils/elles veulent	they want	

8 En tandem. Prépare et répète les deux conversations (a et b). Utilise les phrases de l'exercice 5 et les questions de l'exercice 7 pour t'aider.

- (Greet the customer and ask what he/she would like.)

- (Ask if he/she wants anything else.)

> When you are taking part in a role play, you have to <u>answer unexpected questions</u> and <u>ask questions</u>.
>
> **!** means you have to <u>answer</u> an <u>unexpected</u> question like the ones in exercise 7. Try to answer in a full sentence.
>
> **?** means you have to <u>ask</u> a question: for example, **? prix** means you have to ask about the price.

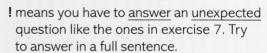

- (Ask one of the unexpected questions from exercise 7.)
- **!**
- Très bien.
- **? prix**
- (Give a price, say thanks and have a nice day.)

3 Miam-miam, c'est bon!

- Using prediction to help with challenging listening passages
- Giving answers in French for a reading task

Page 50

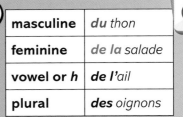

Écouter 1 Lis les textes et écoute les descriptions. Note en français l'ingrédient qui manque.

Les meilleurs plats de France

1 Dans **une salade niçoise**, il y a du thon, de la salade, des œufs, des olives, des tomates et des pommes de terre.

2 Dans **une tarte flambée**, il y a du fromage blanc, de la pâte, de la crème fraîche et des oignons.

3 Dans **le couscous aux légumes**, il y a des pois chiches, des carottes, des oignons, des courgettes et de la semoule.

4 Dans **les moules-frites**, il y a du beurre, du vin blanc, de l'ail, des moules, des pommes de terre et des oignons.

	G
masculine	*du* thon
feminine	*de la* salade
vowel or *h*	*de l'*ail
plural	*des* oignons

Translate the partitive article as 'some', or don't translate it at all.

*Il y a **du** thon et **de la** salade.*
There is **some** tuna and **some** lettuce. / There is tuna and lettuce.

Lire 2 Relis les descriptions de l'exercice 1 et identifie le plat de chaque photo. Puis traduis en anglais les ingrédients de chaque plat. Utilise le glossaire si nécessaire.

a

b

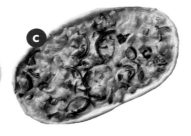
c

d

Écouter 3 Écoute le télé-chef. Copie et complète le tableau en anglais. (1–3)

photo	main ingredients	extra information
1		
2		
3		

Before you start, look at the photos and <u>predict</u> which French words you might hear.

Don't be afraid to <u>take a risk</u> and jot down extra details you think you <u>might</u> have understood.

a quiche lorraine

b bouillabaisse

c crêpes Suzette

4 Lis les textes. Copie et complète le tableau en français pour Baptiste et Lily.

	fête	ville / région / pays	plat – opinion et raison(s)	boisson
Baptiste				
Lily				

Qu'est-ce que tu as mangé comme spécialité?

Baptiste

À Pâques, je suis allé à Dunkerque. J'ai mangé dans un restaurant près de la plage avec mes grands-parents. On a choisi des moules-frites. C'est un plat typique du nord de la France. C'était très savoureux parce que j'aime beaucoup les fruits de mer. J'ai bu un jus d'orange.

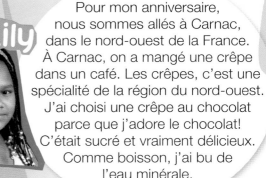

Lily

Pour mon anniversaire, nous sommes allés à Carnac, dans le nord-ouest de la France. À Carnac, on a mangé une crêpe dans un café. Les crêpes, c'est une spécialité de la région du nord-ouest. J'ai choisi une crêpe au chocolat parce que j'adore le chocolat! C'était sucré et vraiment délicieux. Comme boisson, j'ai bu de l'eau minérale.

You can lift the relevant details from the text and simply copy them into the grid.

5 Écoute, puis copie et complète le tableau de l'exercice 4 pour Zoé et Victor.

C'est	un plat typique une spécialité	du nord du sud de l'est de l'ouest du nord-est du sud-ouest	de la	France. Guadeloupe.
C'était	vraiment un peu trop	délicieux / léger / sucré / salé / savoureux.		

You are writing about a trip you <u>took</u> and food you <u>ate</u>, so remember to use verbs in the <u>perfect tense</u>:
je suis allé(e) (I went),
j'ai mangé (I ate),
j'ai choisi (I chose),
j'ai bu (I drank).

You also need to use *c'était …* (it was …) to give an opinion.

6 Écris deux textes pour un magazine. Utilise les détails.

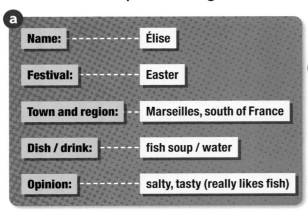

a

Name:	Élise
Festival:	Easter
Town and region:	Marseilles, south of France
Dish / drink:	fish soup / water
Opinion:	salty, tasty (really likes fish)

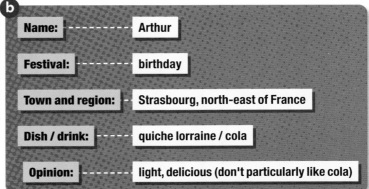

b

Name:	Arthur
Festival:	birthday
Town and region:	Strasbourg, north-east of France
Dish / drink:	quiche lorraine / cola
Opinion:	light, delicious (don't particularly like cola)

Tu vas faire un voyage scolaire?

- Talking about a future trip
- Using the near future tense (with questions)

Écouter 1
Écoute et regarde le blog. Qui parle? (1–8)

Exemple: **1** Noah

Le blog de la classe 5ème B

Le mardi 8 décembre à 5h on va aller à Colmar en Alsace en car.

Qu'est-ce que tu vas faire à Colmar?

On va visiter les cinq marchés de Noël où **je vais choisir** des cadeaux pour ma famille.
Maëlle

Je vais admirer les maisons illuminées et **nous allons écouter** des chorales sur la rivière.
Max

Je vais goûter du pain d'épices et **je vais** aussi **acheter** une boule de Noël traditionnelle.
Juliette

Je vais manger une tarte flambée et **je vais** aussi **boire** un jus de pomme chaud.
Noah

Lire 2
Relis le blog de l'exercice 1. Écris et traduis les 8 verbes en gras.

Exemple: on va visiter – we are going to visit

Colmar is in Alsace, a region in the east of France. Since 1871, Alsace has sometimes been part of France and sometimes part of Germany. Many older people there speak French, German and Alsatian. Alsace keeps some German traditions such as Christmas markets and *la choucroute* (sauerkraut).

G

To talk about what is going to happen in the future, use part of the verb *aller* followed by the infinitive.

aller (to go) + infinitive
je **vais** écouter
tu **vas** écouter
il/elle/on **va** écouter
nous **allons** écouter
vous **allez** écouter
ils/elles **vont** écouter

je **vais** choisir **I am going** to choose

To say that you are <u>also</u> going to do something, put *aussi* between the part of *aller* and the infinitive.

je vais **aussi** regarder … I am **also** going to watch …

Page 51

Parler 3 En tandem. Choisis une possibilité dans chaque colonne et écris deux phrases. Devine les deux phrases de ton/ta partenaire.

Le 30 novembre	on va aller à Colmar	en car.	Je vais acheter	des cadeaux	et je vais goûter	de la tarte flambée.
Le 3 décembre		en train.		des souvenirs		du jus de pomme chaud.
Demain		en voiture.		une boule de Noël		du pain d'épices.
La semaine prochaine		en avion.		du chocolat		de la choucroute.

Lire 4 Traduis les questions en anglais.

a Qu'est-ce que tu vas faire à Nice?

b Comment est-ce que tu vas voyager?

c Avec qui est-ce que tu vas aller à Nice?

d Pourquoi est-ce que tu vas visiter Nice?

e Où est-ce que tu vas aller en février?

f Quand est-ce que tu vas quitter le collège?

Écouter 5 Écoute la conversation. Mets les questions de l'exercice 4 dans le bon ordre. Puis écoute encore une fois et note les réponses en anglais.

Le carnaval de Nice

Écrire 6 Tu vas visiter le carnaval de Nice avec ta classe. Écris une conversation en français. Utilise les questions de l'exercice 4 et ces détails.

- Où est-ce que tu vas aller en février?
- Je vais aller à …

School trip, February

Destination:	Nice, France
Festival:	le carnaval de Nice
Class:	Year 8 + Ms Jacobs
Transport:	coach
Departure from school:	8th February, 5.30 a.m.
Activities:	watching parade; visiting a market; choosing presents for family; eating pancakes

G Questions using the near future tense look like this:

question word + *est-ce que* + verb

Comment est-ce que tu vas voyager?
How are you going to travel?

est-ce que doesn't really have a specific meaning: it is used to indicate a question. It can be translated in different ways, depending on the <u>tense</u> it is used with:

present tense: *Pourquoi est-ce que tu visites Nice?*
Why **do you visit** Nice? / Why **are you visiting** Nice?

future tense: *Pourquoi est-ce que tu vas visiter Nice?*
Why **are you going to visit** Nice?

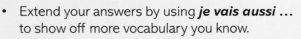
Page 51

Don't just use *je* in your answers: use **on** and **nous** in the near future tense as well.

- Extend your answers by using *je vais aussi …* to show off more vocabulary you know.
- Use sequencers like *d'abord / après* and time phrases like *le matin / le soir*.

5 Bonne année!

1 **Lis le quiz et trouve les paires.**

C'est bientôt le Nouvel An

Quelles sont tes bonnes résolutions pour l'année prochaine?

En ce moment ...

1 je joue sur mon portable pendant le dîner.

2 je finis mes devoirs à la récré.

3 je n'aide pas mes parents.

4 je fais la grasse matinée le samedi matin.

5 je ne suis pas sympa avec mon petit frère.

L'année prochaine ...

a je vais aller au marché et aider dans le jardin.

b je vais être patiente avec mon petit frère.

c le samedi matin, je vais faire du sport.

d je vais laisser mon smartphone dans ma chambre.

e je vais finir mes devoirs le soir.

2 **Écoute et vérifie.**

3 **Écoute et note en anglais: (1–4)**

a what Lucie does at the moment

b her resolution for next year.

> **G**
> Use the present tense to talk about what is happening <u>at the moment</u>, or what <u>usually</u> happens.
> *Je **finis** mes devoirs.*   I **finish** my homework.
> Use the near future tense to say what is <u>going</u> to happen <u>in the future</u>.
> *Je **vais finir** mes devoirs.*   I **am going to finish** my homework.
> 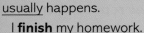 Pages 50–51

4 **Écris le bon verbe dans chaque phrase en français. Puis écris deux autres exemples.**

> **(la) mamie**   granny

	infinitif	En ce moment	Ma bonne résolution
1	*to play*	Je _____ sur ma tablette le weekend.	Le weekend, je _____ _____ au tennis.
2	*to finish*	Je _____ mes devoirs dans le car.	Je _____ _____ mes devoirs à la maison.
3	*to visit*	Je _____ à mamie une fois par mois.	Je _____ _____ à mamie une fois par semaine.
4	*to do*	Je ne _____ pas de sport	Je _____ _____ plus de sport.
5	*to be*	Je _____ bête en classe.	Je _____ _____ raisonnable en classe.

> As you conjugate the verbs in each pair of sentences, check:
> - you know the infinitive in French and whether it is an **–er, –ir, –re** or **irregular** verb
> - how to conjugate the verb: see pages 136–139
> - you use **aller** + infinitive to talk about the near future.

5 Lis le blog et regarde les images (1–8). C'est normalement (N), l'année prochaine (AP) ou les deux (N et AP)?

Je m'appelle Raphaël et j'habite à Paris avec ma mère. Normalement on passe le 31 décembre et le Nouvel An à la maison avec des amis. D'abord, nous mangeons une quiche lorraine et puis un gros couscous aux légumes. C'est très savoureux. Après, nous dansons jusqu'à minuit. À minuit, on va dans la rue où on regarde le feu d'artifice. J'aime aussi prendre de bonnes résolutions pour la nouvelle année.

Puis le 6 janvier, c'est la fête des Rois et on mange toujours une galette des Rois. Dans la galette des Rois, il y a de la pâte, du sucre, un œuf ... et une fève! C'est sucré mais très bon.

L'année prochaine, je vais passer le Nouvel An chez mon père. Il habite à l'île de la Réunion dans l'océan Indien. Le 31 décembre, je vais aller au marché et je vais acheter des pommes de terre, des carottes et de la salade, bien sûr, mais je vais aussi acheter des fruits de la passion, des mangues et des litchis. On va faire du camping sur la plage. Le soir, nous allons manger la spécialité de mon père: des crêpes au sucre et au citron. Nous allons nager et après nous allons regarder le feu d'artifice. Le 6 janvier, nous allons manger une galette des Rois.

la galette des Rois

l'île de la Réunion

 1
 2
 3
 4

 **5**
 6
 7
 8

The ***fête des Rois*** is a festival marking Epiphany. Over 30 million ***galettes des Rois*** are sold every year, with a charm (***une fève***) hidden inside. Whoever finds *la fève* wears a gold or silver cardboard crown and is queen or king for the day.

6 Trouve les expressions en français dans le texte de l'exercice 5.

1 normally
2 always
3 next year
4 first of all
5 in the evening
6 afterwards
7 at midnight
8 on 31st December

7 L'année prochaine, tu vas passer le 31 décembre en France avec ta famille. Écris trois paragraphes:

- ce que tu <u>fais normalement</u> le 31 décembre
- ce que tu <u>vas faire l'année prochaine</u> en France
- tes <u>bonnes résolutions</u> pour l'année prochaine.

Utilise ces expressions et les expressions de l'exercice 6.

ce que　what

passer le 31 décembre à la maison / chez ma mère / en France

danser / **retrouver** des copains

regarder le feu d'artifice dans la rue / à la télé

manger des chips / de la pizza / de la galette des Rois

aller en ville / chez mes grands-parents

acheter des cadeaux / des souvenirs

faire la grasse matinée

Bilan

P *I can ...*
- say which festivals I like and dislike .... *J'aime Noël. Je n'aime pas la Saint-Valentin.*
- *give reasons for my opinions* .... *C'est marrant. J'aime choisir des cadeaux.*
- *recognise big numbers* .... *trois-cent-soixante-cinq, deux-mille*

1 *I can ...*
- say what happens on festival and special days .... *Je choisis des vêtements cool. Je regarde la parade.*
- describe a photo of a festival .... *À droite il y a un groupe de gens. Ils portent des vêtements traditionnels.*
- use *–ir* and *–re* verbs .... *je **finis**, elle **attend**, nous **choisissons***

2 *I can ...*
- ask for quantities of food .... *un kilo de pommes, 500 grammes d'olives*
- buy food at a market .... *Je voudrais un melon. C'est tout, merci.*
- ask and answer unexpected questions .... *C'est combien? Vous êtes en vacances?*
- use the verb ***vouloir*** .... *Vous voulez un sac en papier?*

3 *I can ...*
- understand ingredients in a dish .... *Dans une tarte il y a de la pâte, des oignons, ...*
- understand information about a dish .... *C'est une spécialité de l'est de la France. C'est un plat typique du nord de la France.*
- use the **partitive article** .... ***du** jambon, **de la** salade, **de l'**ail, **des** artichauts*

4 *I can ...*
- say what I am going to do on a school trip .... *On va aller à Colmar. Je vais visiter le marché.*
- use the **near future tense** .... *elle **va boire**, nous **allons goûter***
- ask **questions** using the **near future tense** .... *Où est-ce que tu vas aller?*

5 *I can ...*
- talk about New Year's resolutions .... *Je vais finir mes devoirs le soir.*
- write about New Year .... *On regarde le feu d'artifice. On danse jusqu'à minuit.*
- use **two tenses together** (present and near future) .... *En ce moment **je fais** ... mais l'année prochaine, **je vais faire** ...*

Révisions

1 When would you hear these greetings?

1 Joyeux Noël!   2 Bonne année!   3 Joyeux anniversaire!   4 Joyeuses Pâques!

2 Pair work. Take turns to ask for an item you could buy at the market, along with the quantity. How many different items can you ask for?

Example: Je voudrais deux kilos de pommes, …

3 Write out and complete the verb paradigms. Check they are right, then practise writing them from memory.

choisir: je choisis, tu ░░░░░, il/elle/on ░░░░░, nous choisissons, vous ░░░░░, ils/elles ░░░░░

entendre: j'entends, tu ░░░░░, il/elle/on ░░░░░, nous entendons, vous ░░░░░, ils/elles ░░░░░

4 Put the sentences in order, starting with the person who is least keen on garlic.

a   J'adore l'ail.
b   J'aime l'ail.
c   Je n'aime pas du tout l'ail.
d   J'aime beaucoup l'ail.
e   Je n'aime pas tellement l'ail.

5 Translate your friend's message into English.

> À Marseille, je vais goûter de la bouillabaisse. C'est un plat typique du sud de la France. Dans la bouillabaisse, il y a du poisson, des pommes de terre, des tomates et de l'ail. Après, je vais choisir des cadeaux pour ma famille.

6 With your partner, take turns to say one of these numbers in French. Your partner points to the one you are saying.

67   746   476   1764   647   47   1674   74   76   674

7 Conjugate each verb with *je* and *on*:

a in the present tense   b in the near future tense.

1 taquiner   2 rougir   3 répondre   4 être   5 faire
(*to tease*)   (*to blush*)   (*to answer*)   (*to be*)   (*to do / make*)

8 Translate these plans for the New Year into French, using *En ce moment …, mais l'année prochaine …* each time.

1 At the moment I tease my brother but next year I am going to be kind.
2 At the moment Élise watches TV in the evening but next year she is going to play basketball.
3 At the moment we don't help at home but next year we are going to help in the garden.

En focus

1 Écoute et identifie le bon thème. (1–5)

a a future school trip **b** a regional dish **c** a market visit

d New Year's resolutions **e** a festival

Before you start, try to <u>predict</u> some of the vocabulary and structures you might hear for each theme.

2 Écoute, puis copie et complète le tableau en français pour chaque personne. (1–3)

	fête	P (présent) ou F (futur)?	activités	opinion
1				

- Listen carefully and note down key words in French. There is no need to write sentences.
- Remember TRAPS! In this activity you have to recognise which **T**ense the verbs are in.

3 Jeu de rôle. Prépare tes réponses aux questions, puis écoute et fais le jeu de rôle. (1–3)

> Vous êtes au marché.
>
> - *Bonjour madame / monsieur, vous désirez?*
> - *(2 sortes de fruits + quantités)*
> - *Et avec ça?*
> - *(2 sortes de légumes + quantités)*
> - (Listen to the unexpected question.)
> - *!*
> - *Très bien.*
> - *? prix*
> - *Ça fait 11€50. Merci, bonne journée.*

! means you have to <u>answer</u> an <u>unexpected</u> question.

? means you have to <u>ask</u> a question.

4 En tandem. Lis la conversation à haute voix. Ensuite, prépare tes propres réponses et change les détails soulignés.

- *Qu'est-ce que tu fais normalement pendant les vacances de Noël?*
- *Je rends visite à mon grand-père et je choisis des cadeaux.*
- *Quelle est ta fête préférée? Pourquoi?*
- *Moi perso, je préfère Halloween parce que je pense que c'est marrant.*
- *Quelles sont tes bonnes résolutions pour l'année prochaine?*
- *Je vais aider mes parents et je vais être sympa avec mon frère.*

- Check which <u>tense</u> you should use for each bullet point.
- Try to give <u>at least two pieces of information</u> in each answer.
- Use <u>opinion phrases</u> such as **Moi perso …** and **je pense que …**

Lire

5 Lis l'extrait du site web et réponds aux questions en anglais.

Une fin d'année festive!

La Réunion est la destination idéale pour passer un Nouvel An inoubliable. Dans l'hémisphère Sud, il fait une température de 30° en moyenne.

Chaque année, à la plage de l'Ermitage dans l'ouest de l'île, des milliers de Réunionnais, campeurs, vacanciers se rassemblent. On mange la spécialité locale, le pâté créole. Vous pouvez le manger salé, avec de la viande de porc ou de poulet, ou alors sucré, garni de confiture. À minuit, un feu d'artifice illumine la plage.

1 Which time of year is this extract about?

2 What <u>exactly</u> are we told about what the weather is like in Réunion at this time of year?

3 Where do thousands of people go to celebrate? (<u>two</u> details)

4 Why is *le pâté créole* mentioned?

5 What information is given about how to eat *le pâté créole*? (<u>four</u> details)

6 What happens at midnight?

- Read through the questions first to get the gist of the passage.
- Be sure to give extra details in your answers if the question requires them.
- This extract is from a real website, so use the strategies you have learned to work things out and take sensible guesses.

Écrire

6 Traduis les phrases en français.

mon, ma or *mes*? →

aller + infinitive →

1 I love Easter because I like chocolate! ← Don't forget the definite article!

2 I finish my homework and then I visit my dad.

3 We eat ham, eggs and potatoes. ← *du, de la* or *des*?

4 Next year we are going to go to Nice.

5 I am going to buy presents and I am also ← going to watch a parade. ← Be careful with word order!

Écrire

7 Tu écris un article sur les anniversaires pour un site web français. Réponds aux trois questions.

1 Qu'est-ce que tu fais normalement, le jour de ton anniversaire?

2 Qu'est-ce que tu vas faire pour fêter ton anniversaire l'année prochaine?

3 Est-ce que tu préfères Noël ou ton anniversaire? Pourquoi?

- Remember to use language you <u>know</u>: you <u>haven't</u> learned how to say 'my brother bakes me a cake with lots of candles on it', but you <u>have</u> learned how to say 'I meet my friends and we eat pancakes'.

- Include connectives, time expressions and opinion phrases to enhance your writing.

Lire 1

Lis l'article. Choisis le bon mot pour compléter les textes.

| musique | maison | États-Unis | Écosse | bateau | vacances |
| participent | spectateurs | multicolores | diversité |

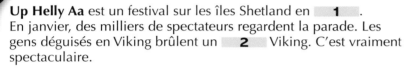

Festivals du monde

Up Helly Aa est un festival sur les îles Shetland en ___1___.
En janvier, des milliers de spectateurs regardent la parade. Les
gens déguisés en Viking brûlent un ___2___ Viking. C'est vraiment
spectaculaire.

Gay Pride est une célébration de la ___3___ sexuelle. La plus grande
Gay Pride du monde est à Sao Paulo au Brésil. En juin, des millions de
personnes ___4___ au festival. On porte les couleurs de l'arc-en-ciel.

Fin janvier ou en février, environ 1,6 milliards de personnes fêtent
le Nouvel An chinois dans le monde entier. On décore la ___5___ et
on rend visite à la famille. C'est la plus grande fête du monde.
En Chine, il y a sept jours de ___6___.

Sauti za Busara est un festival de ___7___ à Zanzibar en Tanzanie.
En février, 20 000 ___8___ et plus de 400 artistes participent au
festival. Le festival dure quatre jours et il y a
une parade en ville. L'ambiance est très relax.

Le Festival de montgolfières d'Albuquerque
est aux ___9___ en octobre. Des centaines de
milliers de visiteurs admirent les
montgolfières ___10___. C'est le festival le
plus photographié du monde. C'est
vraiment magique.

| le monde | the world |
| la montgolfière | hot-air balloon |

Lire 2

**Relis les textes. Copie et complète le tableau en anglais
pour chaque festival.**

name of festival	where?	when?	how many people?	other information
Up Helly Aa				

Use your knowledge of
numbers like **cent** (100)
and **mille** (1000) to work
out what **des centaines** /
des milliers mean. But watch
out for *faux amis*: **un milliard**
means 'a billion'.

3 Écoute les touristes. Note le bon festival de l'exercice 1. (1–5)

 4 Fais des recherches sur un festival intéressant ou sur ton festival préféré. Prépare une présentation sur le festival avec un commentaire et des photos. Utilise ces expressions:

- … *est un festival de musique / traditionnel / folklorique.*
- *Le festival est à … en … et il y a environ … participants / spectateurs.*
- *Il y a une parade / un feu d'artifice / sept jours de vacances.*
- *On danse / chante / mange … / regarde … / porte … / fête …*
- *C'est spectaculaire / relax / magique / marrant.*

 5 Écoute et lis le poème.

Le bonheur ...

Le bonheur, c'est le matin de la Chandeleur,
Quand il y a des crêpes pour le petit déjeuner.
Une à une, elles sautent,
Hop, comme des papillons de pâte.
« Celle-là, elle est pour toi, tu veux du Nutella? »

Le bonheur, c'est juillet au bord de la mer,
La joie salée, sur la plage blonde.
Déjeuner au restau, « cinq moules-frites s'il vous plaît! »
On a les doigts tout poisseux
Mais on s'en moque, c'est délicieux.

Le bonheur, c'est ce quotidien, qui n'a l'air de rien.
C'est une baguette fraîche ou un croissant le matin,
C'est la tarte aux pommes du dimanche
Ou le poisson frit du vendredi.
Le bonheur, c'est ensemble,
Autour d'une table avec des assiettes bien remplies.

 6 Quel est, pour toi, le thème du poème: a, b ou c?

 food   holidays   happiness

 7 Écris une phrase en anglais pour résumer chaque vers du poème.

Le bonheur, c'est mon anniversaire,
Une soirée pyjama avec des copains,
C'est …

 8 Écris un vers pour ce poème. Commence par *Le bonheur, c'est …*

Grammaire

Regular –ir and –re verbs (present tense)
(Unit 1, page 34)

1 Conjugate each verb correctly, underlining the ending. Then translate it into English.

Example: 1 *je chois**is*** – I choose / I am choosing

1 je (choisir)	**6** je (répondre)
2 il (rougir)	**7** tu (attendre)
3 nous (finir)	**8** vous (entendre)
4 ils (grandir)	**9** nous (perdre)
5 tu (applaudir)	**10** elle (descendre)

2 Copy and complete the text with the correct form of the verb. There is a mixture of –er, –ir and –re verbs.

> Le matin, Sam **1** (descendre) à la cuisine à 6h45. Il **2** (finir) ses devoirs et il **3** (quitter) la maison. Il **4** (attendre) le bus et il **5** (arriver) au collège à 7h45. À midi il **6** (manger) à la cantine avec son copain. Ils **7** (choisir) toujours les frites parce qu'ils **8** (adorer) ça.

Most French verbs are regular **–er** verbs, e.g. *manger*, *aimer*.

There are two more types of regular verbs: **–ir** (e.g. *choisir*) and **–re** (e.g. *répondre*).

To conjugate these verbs in the present tense, take *–ir* or *–re* off the end of the **infinitive**, and add these endings:

–ir verbs e.g. *choisir* (to choose)	**–re verbs** e.g. *répondre* (to answer)
*je chois**is***	*je répond**s***
*tu chois**is***	*tu répond**s***
*il/elle/on chois**it***	*il/elle/on répond*
*nous chois**issons***	*nous répond**ons***
*vous chois**issez***	*vous répond**ez***
*ils/elles chois**issent***	*ils/elles répond**ent***

 The *il/elle/on* form of *–re* verbs has <u>no</u> ending.

 Some verb forms are spelled differently but sound the same, e.g. *choisis / choisit*; *réponds / répond*.

 Present tense verbs can be translated in two ways, e.g. *je réponds* means 'I answer' or 'I am answering'.

The partitive article (Unit 3, page 38)

3 Translate these descriptions into French, using the correct partitive articles.

Example: Dans le cassoulet, il y a du jambon, …

1 In *le cassoulet*, there is ham, white beans, carrots and onions.
2 In *une omelette au fromage*, there is cheese, eggs and milk.
3 In *un gratin dauphinois*, there is cream, potatoes, milk and garlic.
4 In *une salade grecque*, there is cheese, olives and tomatoes.

Milk is **le lait** and cream is **la crème**. Remind yourself of the other vocabulary on page 36.

The partitive article is the word for 'some'. This changes according to the number (singular / plural) and gender (masculine / feminine) of the noun it comes before.

masculine	*du* fromage
feminine	*de la* pâte
vowel or *h*	*de l'*ail
plural	***des* olives**

 French nouns always need an article (e.g. 'the' / 'a' / 'some') in front of them. But when you are translating, you don't always need to translate the partitive article.

*Il y a **du** fromage et **des** olives dans la tarte.*
There is cheese and olives in the tart.

The near future tense (Unit 4, page 40)

4 Emily has made a mistake in each sentence of her translation homework. Write out each French sentence, correcting her verb mistake and explaining in English what she has done wrong.

> **1** I am going to watch a film.
> Je vais regarde un film.
> **2** She is going to try frogs' legs.
> Elle vais goûter des cuisses de grenouille.
> **3** They are going to visit the market.
> Ils visiter le marché.
> **4** We are going to have a week's holiday.
> Nous aller avoir une semaine de vacances.
> **5** I am going to be very happy.
> Je suis très contente.

You use the near future tense to talk about what is going to happen in the future. It is formed with part of the verb **aller** + an **infinitive**.

*Tu **vas** manger une crêpe.*
You **are going** to eat a pancake.

*Nous **allons** chanter et danser.*
We **are going** to sing and dance.

Questions in the near future tense
(Unit 4, page 41)

5 You are going to go to Paris next week with your school. Translate these questions into English. Then write an answer to each one in French, using a complete sentence.

1 Est-ce que tu vas aller en France avec ta famille?
2 Est-ce que tu vas visiter le musée du Louvre?
3 Est-ce que tu vas goûter des escargots?
4 Est-ce que tu vas acheter une petite tour Eiffel?
5 Est-ce que tu vas rendre visite à tes grands-parents?
6 Est-ce que tu vas fêter Noël à Paris?

To form a question <u>without</u> a question word, use *est-ce que* + verb + rest of the sentence + ?

Est-ce que tu vas goûter de la bouillabaisse?
Are you going to try *bouillabaisse*?

To form a question <u>with</u> a question word, use question word + *est-ce que* + verb + rest of the sentence?

Quand est-ce que tu vas faire la grasse matinée?
When are you going to have a lie-in?

 que shortens to **qu'** before a vowel or *h*.

Qu'est-ce que tu vas faire?
What are you going to do?

Quand est-ce qu'elles vont arriver?
When are they going to arrive?

6 Match the question words with their meaning.

1 que   **5** comment
2 où   **6** pourquoi
3 qui   **7** à quelle heure
4 quand

> why   where   how   at what time
> what   when   who

7 Unjumble these questions, then translate them into English.

1 est-ce que Quand ? aller en tu vas ville
2 est-ce que tu une vas ? manger pizza Où
3 vas Pourquoi est-ce que un choisir ? cadeau tu
4 ? faire Qu'est-ce que tu le vas soir
5 tu Qui vas en ? est-ce que ville retrouver
6 la heure quelle est-ce que tu rentrer À à ? vas maison

> Remember to start with the <u>question word</u> followed by *est-ce que*.

Vocabulaire

Point de départ (pages 32–33)

Noël	Christmas	je n'aime pas du tout …	I really don't like …
Pâques	Easter	Je déteste …	I hate …
le 14 juillet	Bastille Day	manger des œufs en chocolat.	eating chocolate eggs.
le Nouvel An	New Year's Day		
la Toussaint	All Saints' Day	danser et chanter.	dancing and singing.
la Saint-Valentin	Valentine's Day	choisir des cadeaux.	choosing presents.
l'Aïd	Eid	rendre visite à mes cousins.	visiting my cousins.
mon anniversaire	my birthday		
Quelle est ta fête préférée?	What's your favourite festival?	faire une soirée pyjama.	having a sleepover.
j'adore …	I love …	C'est …	It is …
j'aime (beaucoup) …	I (really) like …	marrant / ennuyeux.	fun, funny / boring.
je préfère …	I prefer …	bête.	silly.
je n'aime pas tellement …	I don't particularly like …	trop militaire.	too militaristic.
je n'aime pas …	I don't like …	trop commercial.	too commercialised.

Unité 1 (pages 34–35) *Quelle est ta fête préférée?*

je porte un masque	I wear a mask	un groupe de gens / filles / garçons / musiciens / d'enfants	a group of people / girls / boys / musicians / children
je retrouve mes copains	I meet my friends		
je regarde la parade	I watch the parade		
je finis mes devoirs	I finish my homework	Ils/Elles sont …	They are …
je choisis des vêtements …	I choose … clothes	dans la rue. / en ville.	in the street. / in town.
j'attends la fête avec impatience	I am looking forward to the festival	Ils/Elles …	They …
		marchent / applaudissent	are walking / clapping
je rends visite à …	I visit …	dansent	dancing
j'entends la musique	I hear (the) music	jouent d'un instrument.	playing an instrument.
les spectateurs	spectators	Ils/Elles portent des vêtements …	They are wearing … clothes.
chaque année	every year		
le matin	(in) the morning	traditionnels / colorés / bizarres / incroyables	traditional / colourful / strange / amazing
l'après-midi	(in) the afternoon		
le soir	(in) the evening	Ils/Elles portent des drapeaux.	They are holding flags.
une parade / un défilé	a parade		

Unité 2 (pages 36–37) *Et avec ça?*

un artichaut	an artichoke	100 grammes de …	100 grams of …
un chou-fleur	a cauliflower	un kilo de …	a kilo of …
un citron	a lemon	un demi-kilo de …	half a kilo of …
un haricot vert/blanc	a green/white bean	une tranche de …	a slice of …
un melon / un oignon	a melon / an onion	un morceau de …	a piece of …
une banane / une olive	a banana / an olive	Vous désirez?	What would you like?
une pomme	an apple	Je voudrais …	I would like …
une pomme de terre	a potato	Et avec ça?	Anything else?
une tomate	a tomato	C'est tout, merci.	That's all, thanks.
un œuf	an egg	Ça fait combien?	How much is that?
le poisson	fish	Ça fait … euros.	That's … euros.
le fromage	cheese	Bonne journée!	Have a nice day!
le jambon	ham		
la salade	lettuce		

Unité 3 (pages 38–39) *Miam-miam, c'est bon!*

une salade niçoise	*a tuna and olive salad*
une tarte flambée	*a pizza-like tart*
le couscous aux légumes	*vegetable couscous*
les moules-frites	*mussels and chips*
la quiche lorraine	*bacon quiche*
la bouillabaisse	*fish stew*
les crêpes Suzette	*pancakes with orange sauce*
le thon	*tuna*
le fromage blanc	*soft white cheese*
le beurre	*butter*
le vin blanc	*white wine*
la pâte	*pastry*

la crème fraîche	*thick sour cream*
la semoule	*couscous grains / semolina*
l'ail	*garlic*
un pois chiche	*a chickpea*
une courgette	*a courgette*
une carotte	*a carrot*
C'est un plat typique de …	*It's a typical dish of …*
C'est une spécialité de …	*It's a speciality of …*
C'était …	*It was …*
délicieux / savoureux.	*delicious / tasty.*
léger.	*light.*
salé / sucré.	*salty / sweet.*

Unité 4 (pages 40–41) *Tu vas faire un voyage scolaire?*

Qu'est-ce que tu vas faire?	*What are you going to do?*
je vais …	*I am going …*
aller en Alsace	*to go to Alsace*
visiter les marchés de Noël	*to visit the Christmas markets*
choisir des cadeaux	*to choose presents*
admirer les maisons illuminées	*to admire the illuminated houses*

écouter des chorales	*to listen to some choirs*
goûter du pain d'épices	*to try gingerbread*
acheter une boule de Noël	*to buy a Christmas bauble*
manger une tarte flambée / de la choucroute	*to eat a pizza-like tart / sauerkraut*
boire un jus de pomme chaud	*to drink a hot apple juice*

Unité 5 (Pages 42–43) *Bonne année!*

Quelles sont tes bonnes résolutions pour l'année prochaine?	*What are your new year's resolutions?*
Je joue sur mon portable.	*I play on my phone.*
Je finis mes devoirs à la récré.	*I finish my homework at break.*
Je n'aide pas mes parents.	*I don't help my parents.*
Je fais la grasse matinée.	*I have a lie-in.*
Je ne suis pas sympa avec …	*I am not kind to …*

Je vais …	*I am going …*
aller au marché.	*to go to the market.*
aider dans le jardin.	*to help in the garden.*
être patient(e) avec …	*to be patient with …*
faire du sport.	*to do sport.*
laisser mon smartphone dans ma chambre.	*to leave my smartphone in my room.*
finir mes devoirs le soir.	*to finish my homework in the evening.*

Les mots essentiels *High-frequency words*

Question words

qu'est-ce que?	*what?*
comment?	*how?*
avec qui?	*with whom?*
pourquoi?	*why?*
où?	*where?*
quand?	*when?*

Stratégie

Spelling and accents

Accents are not optional extras – make sure you remember them.
- The acute accent goes uphill ´ and occurs on the letter e (e.g. **préférée**).
- The grave accent goes downhill ` and can occur on a, e or u (e.g. **l'après-midi**).
- The circumflex is like a little hat ^ and can occur on any vowel (e.g. **Pâques**).

How many more words can you find using these accents?

1 Trouve la bonne description de chaque émission.

1 Nouvelle Star

2 La France a un incroyable talent

3 Le meilleur pâtissier

4 Moundir et les apprentis aventuriers

On TV in France you can often see British or American programmes, dubbed into French or subtitled. There are French programmes on British TV too, such as the police thriller *Engrenages* (*Spiral* in English) and *Versailles* (a historical drama about the court of King Louis XIV).

a C'est **une émission de cuisine**, la version française de 'The Great British Bake Off'.

b C'est **un concours de talents**, la version française de 'Britain's Got Talent'.

c C'est **une émission de télé-réalité**, comme 'I'm a Celebrity…'.

d C'est une **émission de musique**, comme 'The Voice'.

2 Lis l'annonce. Quelle est la bonne réponse (a ou b)?

1 C'est une annonce pour …
  a la fête nationale.   **b** la fête du cinéma.

2 La fête est …
  a en été.   **b** en hiver.

3 Pour voir un film, ça coûte …
  a quatre euros.   **b** quatorze euros.

3 Qui est-ce?

a Jean Dujardin, le premier **acteur** français qui a gagné l'Oscar du meilleur acteur en 2011 (pour *l'Artiste*)

b Marion Cotillard, qui a gagné l'Oscar de la meilleure **actrice** en 2007 (pour *La vie en rose*)

c Omar Sy, le premier **acteur** franco-africain qui a gagné le César du meilleur acteur en 2012 (pour *Intouchables*)

d Louis et Auguste Lumière, les **inventeurs** du cinématographe, en 1895

France has a highly successful film industry. One of the most famous film festivals in the world takes place every May, in Cannes, in the south of France. France also has its own version of the Oscars, called *les César*.

4 Regarde le graphique. C'est quel pays?

Dans ce pays, …

1 vingt pour cent des jeunes ont accès à Internet.

2 cinquante pour cent des jeunes ont accès à Internet.

3 vingt-cinq pour cent des jeunes ont accès à Internet.

4 trente-cinq pour cent des jeunes ont accès à Internet.

5 soixante-cinq pour cent des jeunes ont accès à Internet.

Les jeunes francophones en Afrique et l'accès à Internet.

Point de départ

- Talking about celebrities and TV programmes
- Using singular and plural adjective agreement

Écouter 1 Écoute et lis. Trouve et traduis en anglais <u>six</u> adjectifs du texte.

Qui est ta célébrité préférée – et pourquoi?

J'adore le chanteur Voyou qui joue de la guitare et de la trompette. À mon avis, il a beaucoup de talent et il n'est pas du tout arrogant – il est toujours très gentil et modeste, mais il n'est pas trop sérieux. C'est un de mes chanteurs préférés.

Moi, perso, j'aime beaucoup l'actrice Emma Watson. Elle est un peu sérieuse, mais elle est aussi très intelligente et assez généreuse – elle fait beaucoup de choses pour les bonnes causes. C'est vraiment mon actrice préférée.

Lire 2 En tandem. Quel est le sens de chaque adjectif? Utilise le Glossaire, si nécessaire. Puis trouve et prononce les paires d'adjectifs opposés.

arrogant   bête   drôle   égoïste   gentil

intelligent   généreux   beau   laid   méchant

modeste   paresseux   sérieux   travailleur

> Before looking up any words, use your detective skills to work out the meaning of the new adjectives. For example, *égoïste* has the word 'ego' in it, so what could it mean? Note that *gentil* is a false friend – it means 'kind', not 'gentle'!

Écouter 3 Écoute et écris des notes en anglais. (1–4)

a name of celebrity
b opinion and reason
c any other details.

Parler 4 En tandem. Parle des célébrités.

- *Qui est ta célébrité préférée et pourquoi?*
- *Moi, perso, j'aime beaucoup … parce qu'il/elle est … Cependant je n'aime pas …*

G

	masculine singular	feminine singular
Most adjectives	*arrogant*	*arrogante**
Ending in **–e**	*modeste*	*modeste*
Ending in **–eur** and **–eux**	*travailleur* *généreux*	*travailleuse* *généreuse*
Irregular adjectives	*gentil* *beau*	*gentille* *belle*

* When you add *–e* after a final consonant, you pronounce the consonant.

Note that *laid* sounds like 'lay', but *laide* sounds like 'led'.

Page 74

5 Écoute. Copie et complète le tableau en anglais. (1–7)

	type of programme	😀	😟	reason
1	news			...

Nouns for TV programmes are either masculine or feminine.

(m) *un feuilleton*
(f) *une comédie*

 les comédies **(f)**

 les dessins **(m)** animés

 les documentaires **(m)**

 les feuilletons **(m)**

 les infos **(f)**

 les jeux **(m)** (télévisés)

 les séries **(f)** (policières)

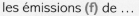 les émissions **(f)** de ...

 cuisine

 musique

 science-fiction

 sport

 télé-réalité

Use your knowledge of French sounds to pronounce the types of TV programmes correctly:

 (**vé**lo): *comédies, télé-réalité*

 (**in**telligent): *dessins animés*

 (profess**eur**): *jeux*

 (sorci**ère**): *séries polici**ères***

 (nata**tion**): *science-fic**tion***

6 En tandem. Trouve la fin de chaque phrase et lis les phrases à haute voix.

Qu'est-ce que tu aimes ou n'aimes pas à la télé?

1 J'adore les séries policières comme *Engrenages* ...
2 Je n'aime pas du tout les feuilletons comme *Plus belle la vie* ...
3 J'aime beaucoup les jeux télévisés comme *Le Cube* ...
4 Je n'aime pas tellement les émissions de télé-réalité comme *Koh-Lanta* ...

a parce qu'elles sont nulles et vraiment bêtes.
b parce qu'ils sont intéressants et divertissants.
c parce qu'ils sont ennuyeux et ridicules.
d parce qu'elles sont passionnantes et pleines d'action.

7 Traduis les phrases en français.

1 I love comedies because they are very funny.
2 I don't like documentaries because they are a bit boring.
3 I like cartoons a lot because they are quite entertaining.
4 I hate cookery programmes because they are rubbish.
5 I love sports programmes because they are exciting.

Plural adjective endings work like this:

masculine plural	feminine plural	English
divertissants	*divertissantes*	entertaining
intéressants	*intéressantes*	interesting
marrants	*marrantes*	funny
passionnants	*passionnantes*	exciting
pleins d'action	*pleines d'action*	full of action
ennuyeux	*ennuyeuses*	boring
nuls	*nulles*	rubbish
bêtes	*bêtes*	stupid
ridicules	*ridicules*	ridiculous

Page 74

Which word do you need for 'they': *ils* or *elles*?

1 Écoute et lis le sondage. Note les réponses de Mathilde et de Ryan. (1–6)

Exemple: **1** Mathilde – b, Ryan – a

Sondage: la télé et toi!

1 Quand est-ce que tu regardes la télé?
Je regarde la télé …
- **a** le matin, avant les cours.
- **b** tous les soirs.
- **c** le weekend.

2 Où est-ce que tu regardes la télé?
Je regarde la télé …
- **a** dans le salon.
- **b** dans le bus.
- **c** dans ma chambre.

3 Avec qui est-ce que tu regardes la télé?
Je regarde la télé …
- **a** seul(e).
- **b** avec mes amis.
- **c** avec ma famille.

4 Qu'est-ce que tu regardes à la télé?
Je regarde …
- **a** les infos et les documentaires.
- **b** les séries ou les feuilletons.
- **c** les jeux ou les télé-réalités.

5 Comment est-ce que tu regardes la télé?
Je regarde la télé …
- **a** à la demande, sur Netflix.
- **b** en streaming sur mon smartphone.
- **c** sur mon ordinateur ou sur ma tablette.

6 Pourquoi est-ce que tu aimes regarder comme ça?
Parce que …
- **a** c'est facile.
- **b** c'est varié.
- **c** ce n'est pas cher.

2 En tandem. Fais le sondage avec ton/ta camarade.

- *Quand est-ce que tu regardes la télé?*
- *Je regarde la télé <u>avant les cours</u>. Et toi?*
- *Moi, je regarde la télé <u>le weekend</u>.*

3 Écoute l'interview avec Jamel au sujet de la télé. Écris des notes en anglais:

- **a** how?
- **b** where?
- **c** when?
- **d** what (+ reason)?
- **e** yesterday?
- **f** who with?
- **g** why?

> **des chaînes sur YouTube**
> *YouTube channels*

G

You can ask questions about a range of subjects by using:
a question word + *est-ce que* + the *tu* form of the verb.

Avec qui *est-ce que tu …?*	**With whom** do you …?
Comment *est-ce que tu …?*	**How** do you …?
Où *est-ce que tu …?*	**Where** do you …?
Quand *est-ce que tu …?*	**When** do you …?
Qu'*est-ce que tu …?*	**What** do you …?
Pourquoi *est-ce que tu …?*	**Why** do you …?

You can ask questions in other tenses in the same way:

Qu'est-ce que tu as regardé hier?
What did you watch yesterday?

4 Lis les textes et réponds aux questions.

Qu'est-ce que tu fais en ligne?

Tu joues? Tu regardes? Tu écoutes?

Laurine

La musique

D'habitude, j'aime écouter en streaming parce que c'est gratuit, mais je n'aime pas les publicités. Parfois aussi je télécharge des chansons et je crée des playlists sur mon portable. En ce moment, j'écoute beaucoup la musique de George Ezra. Je pense qu'il a beaucoup de talent. C'est mon chanteur préféré.

Les jeux

Je joue tout le temps sur ma Xbox. Avec mon argent de poche, j'achète des jeux et je joue en ligne parce que c'est assez amusant. Mon jeu préféré, c'est *Star Wars Battlefront*. De temps en temps, j'aime jouer contre mon frère et c'est moi qui gagne! Cependant, hier, j'ai joué contre mon copain Théo et j'ai perdu le jeu!

Elliot

gratuit	*free*
les publicités	*adverts*

1 According to Laurine, what are the good and bad points of streaming music?
2 What does she sometimes do?
3 What does she say about George Ezra? (Give <u>two</u> details.)
4 What does Elliot do all the time?
5 How does he spend his pocket money?
6 Who wins when Elliot plays against his brother?
7 What happened yesterday?

5 Écoute et écris les questions en français. Qu'est-ce qu'on te demande? (1–6)

Listen and write down the questions in French. What are you being asked?

Use time phrases, to give more detailed answers:

d'habitude	usually
en ce moment	at the moment
souvent	often
parfois	sometimes
de temps en temps	from time to time
tout le temps	all the time
le weekend	at weekends / at the weekend
tous les soirs / après-midi / matins	every evening / afternoon / morning

6 Prépare une interview avec ton/ta camarade. Utilise les <u>six</u> questions de l'exercice 5 et invente deux autres questions.

● *Quand est-ce-que tu joues à des jeux vidéo?*
■ *D'habitude je joue tous les soirs. Je joue aussi ...*

7 Décris ta vie numérique. Mentionne la télé, la musique et les jeux. Écris un paragraphe.

D'habitude, je regarde la télé sur ma tablette, dans ma chambre. J'adore les comédies, comme ..., parce que/qu' ...
Mon acteur/actrice préféré(e) est ... parce que/qu' ...
J'écoute de la musique en streaming sur mon portable ...
Mon chanteur/Ma chanteuse préféré(e) est ...
J'adore aussi les jeux vidéo. En ce moment, je joue ...
Hier, j'ai regardé / écouté / joué ...

On va au ciné?

1 **Écoute les extraits de musique de films. À ton avis, c'est quelle sorte de film? (1–7)**

- *À mon avis, c'est un film de super-héros!*
- *Je suis d'accord. / Je ne suis pas d'accord. Je pense que c'est un film d'horreur.*

une comédie

un film d'anima**tion**

un film romanti**que**

un film d'ac**tion**

un film d'horr**eur**

un film de science-fic**tion**

un film de super-héros

Make sure you pronounce the sounds in purple correctly. Be careful with the sounds *tion* and *qu*:

 animat**ion**, ac**tion**

 romanti**que**

2 **Écoute. Copie et complète le tableau en anglais. (1–3)**

	type of film	reason	time of film
1	superhero		

les effets spéciaux special effects

Cinema times are usually given in the 24-hour clock.

14h30 – quatorze heures trente

21h45 – vingt-et-une heures quarante-cinq

3 **Écoute et lis. Note les détails en anglais.**

Coucou, Cédric! Je vais aller au cinéma ce soir. Tu viens?

Désolé. Je ne peux pas ce soir. 😕

Alors, demain soir?

Ça dépend. Qu'est-ce que tu vas voir?

Je vais voir *Gaston Lagaffe*.

😍 Je veux bien, merci. J'adore les comédies parce qu'elles sont marrantes!

Génial! Il y a une séance à 19h30.

Rendez-vous où et à quelle heure?

Chez moi à 19h00. D'accord?

D'accord. 🙂 À demain.

You use the <u>near future tense</u> to say what you are <u>going</u> to do.

Take part of the verb **aller** + the **infinitive** of another verb:

*Qu'est-ce que tu **vas voir**?*
What are you going to see?

*Je **vais voir** un film de science-fiction.*
I am going to see a sci-fi film.

Note, however, that you can also use the <u>present tense</u> to refer to <u>future plans</u>.

*Je **vais** au cinéma demain. Tu **viens**?*
I **am going** to the cinema tomorrow.
Are you **coming**?

4 Relis le dialogue de l'exercice 3. Trouve l'équivalent en français de ces phrases.

1 Are you coming?
2 Sorry. I can't.
3 It depends.
4 What are you going to see?

5 I'd like to, thanks.
6 There's a screening at …
7 Where and when shall we meet?
8 See you tomorrow.

 5 En tandem. Fais un dialogue. Change les détails soulignés de l'exercice 3.

- *Salut! Je vais aller au cinéma cet après-midi. Tu viens?*
- *Désolé(e). Je ne peux pas cet après-midi.*

aujourd'hui		
ce matin	😟	😀
ce soir	Non, merci.	D'accord.
cet après-midi	Tu rigoles!	Génial!
demain (soir)	Je n'ai pas envie.	Bonne idée!
(samedi) prochain	Désolé(e), je ne peux pas.	Je veux bien, merci.

Rendez-vous chez moi / chez toi.
À plus. / À demain. / À samedi.

 6 Lis et complète le dialogue avec les mots de la case. Puis écoute et vérifie.

séance   adultes   voudrais
Bonsoir   Salle   Ça fait   enfant

- ___**1**___. Je peux vous aider?
- Je ___**2**___ trois billets pour Gaston Lagaffe, s'il vous plaît.
- Quelle séance?
- La ___**3**___ de 20h15, s'il vous plaît.
- C'est pour combien d'___**4**___ et d'enfants?
- Deux adultes et un ___**5**___. Ça fait combien?
- ___**6**___ 22€40, s'il vous plaît.
- Voilà. Merci. C'est quelle salle, s'il vous plaît?
- ___**7**___ quatre.
- Merci.

 7 Ré-écris le dialogue de l'exercice 6. Utilise les idées de la case. Puis, en tandem, lis le dialogue à haute voix.

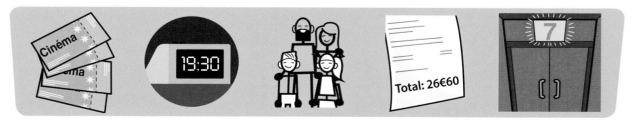

Quels sont tes loisirs?

- Talking about leisure activities
- Using negatives

French is spoken in more than 20 African countries. Some, like Cameroon, have good internet access and many people own mobile phones. In others, such as the Democratic Republic of Congo, very few people have access to computers.

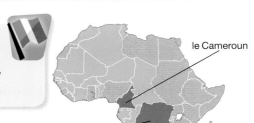

le Cameroun

la R.D.C (République Démocratique du Congo)

 Écoute et lis le texte. Puis lis les phrases. C'est Samuel ou Clarisse?

 **Samuel**

 **Clarisse**

J'habite à la R.D.C.

Après les cours, je travaille avec mon père au marché.

Le weekend, <u>je ne fais rien</u> de spécial. Je bavarde avec mes copains et je lis beaucoup parce que je suis fan de BD!

J'écoute aussi de la musique. Mon chanteur préféré, c'est Kaysha.

Je n'ai pas d'ordinateur et <u>je n'ai pas de portable</u> parce que c'est trop cher. Alors, <u>je ne joue jamais</u> à des jeux vidéo.

Les jeunes Africains francophones et les loisirs

J'habite dans un village au Cameroun.

Après l'école, je fais du vélo ou je joue sur mon portable. En été, je nage dans la mer.

<u>Je ne regarde jamais</u> la télé parce que c'est nul, et <u>je ne lis pas</u> souvent.

Dans mon village, <u>il n'y a rien</u>, alors le samedi, je vais en ville en bus. Parfois je vais à un match de foot. Je suis méga-fan de notre équipe nationale!

la lecture	reading

1 Je fais de la natation.
2 Je parle avec mes amis.
3 J'aime la lecture.
4 Je fais du cyclisme.
5 Je vais au stade.
6 J'écoute des chansons.

Remember TR**A**PS!

In exercise 1, **A** is important: **A**lternative words or synonyms. The questions contain the same ideas expressed in alternative words.

 Traduis en anglais les phrases <u>soulignées</u> dans le texte de l'exercice 1.

Negative expressions go <u>around</u> the verb. Remember, **ne** shortens to **n'** in front of a vowel.

ne … pas (not)	Je **ne** joue **pas** au foot.
ne … jamais (never)	Je **ne** vais **jamais** en ville.
ne … rien (nothing)	Je **ne** fais **rien**.

After a negative, *du, de la, de l'* and *des* change to <u>de</u>:

Je **ne** fais **jamais** <u>de</u> sport.

G

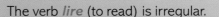 Page 74

The verb *lire* (to read) is irregular.

G

je **lis**	I read
tu **lis**	you (singular) read
il/elle **lit**	he/she reads
on **lit**	we read
nous **lisons**	we read
vous **lisez**	you (plural or polite) read
ils/elles **lisent**	they read

The –*ent* in ils/elles lis**ent** is silent.

3 Écoute. Qu'est-ce que chaque personne <u>ne fait pas</u>?
Note en anglais l'activité et la raison. (1–3)

4 En tandem. Interviewe ton/ta camarade. Utilise les questions:

- Quels sont tes loisirs?
- Qu'est-ce que tu ne fais pas souvent?
- Qu'est-ce que tu ne fais jamais?
- Pourquoi?

Après les cours,	j'écoute …	Je	n'	écoute	pas …
Le samedi,	je joue …		ne	joue	jamais …
Parfois,	je fais …			lis	
Souvent,	je lis …			vais	
De temps en temps,	je regarde …	Je	ne	fais	rien.
En été,	je vais …			regarde	
				lis	

5 Copy and complete the description of photo A using the words in the box. Then complete the description of photo B. Listen to check your answers.

| devant | in front of |
| avoir l'air heureux | to look happy |

Sur la photo, il y a un groupe de garçons.
Ils **1** des vêtements traditionnels et colorés.
Ils **2** devant un magasin de portables. À gauche, il y a deux garçons.
Ils **3** un garçon au centre qui **4** sur son portable.
Ils **5** l'air heureux. Je pense qu'ils **6** en Afrique.

Sur la photo, il y a trois filles et deux garçons. Ils **1** dans le salon et ils **2** des vêtements modernes.
Au centre, il y a un garçon qui **3** son portable et, à gauche, il y a une fille qui **4** sa tablette avec sa copine. Ils **5** l'air heureux.

| portent | sont | joue |
| ont | regardent | sont |

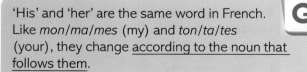

'His' and 'her' are the same word in French. Like *mon/ma/mes* (my) and *ton/ta/tes* (your), they change <u>according to the noun that follows them</u>. **G**

masculine singular	feminine singular	plural
mon portable	*ma* tablette	**mes** amis
ton portable	*ta* tablette	**tes** amis
son portable (his/her)	*sa* tablette (his/her)	**ses** amis (his/her)

6 Fais des recherches et trouve une photo d'un groupe de jeunes. Écris une description de la photo. Adapte les descriptions de l'exercice 5.

Tu as fait des achats?

- Spotting synonyms
- Looking up perfect tense verbs when reading

1 Lis le rap. Mets les images dans le bon ordre.

Au centre commercial

Le weekend dernier, je suis allé
Au centre commercial, c'était vraiment génial!
Samedi matin, j'ai fait les magasins
J'ai trouvé une casquette et une paire de baskets
Puis j'ai fait une balade et j'ai mangé une salade … Miam-miam!

Samedi après-midi, j'ai fait des achats aussi!
J'ai acheté des jeux et un tee-shirt bleu
Puis j'ai bu une limonade et j'ai fait une promenade … Ouf! Ouf!

Samedi soir, je suis allé au cinéma.
J'ai vu un film comique. C'était méga magique!
Mais quand le film a fini, j'ai eu un souci!
Quand j'ai regardé dans mon porte-monnaie
Rien! Zéro! Non, pas un euro!

> **j'ai eu un souci**   I had a worry

a
b
c
d
e
f

2 Lis le rap à haute voix. Trouve les mots qui riment. Puis écoute et vérifie.

3 Trouve dans le texte du rap:

a <u>10 different</u> verbs in the perfect tense
b <u>two</u> examples of *c'était* + adjective.

4 Écoute. Qu'est-ce qu'elles ont fait? Écris les <u>deux</u> bonnes lettres pour chaque personne. Il y a deux réponses de trop. (1–3)

a Elle a fait des achats.
b Elle a pris le bus.
c Elle a fait de la natation.
d Elle a vu un film.
e Elle a fait du cyclisme.
f Elle a bu quelque chose.
g Elle a mangé quelque chose.
h Elle a fait une balade.

> There are synonyms in the rap.
> Can you spot two expressions for 'I went shopping' and two ways of saying 'I went for a walk'?
>
> In exercise 4, listen out for different words that mean the same as words in the questions.

> **G**
> Remember, you use the <u>perfect tense</u> to say what you did.
> *j'ai acheté*   I bought
> *je suis allé(e)*   I went
>
> You use **c'était** (it was), or **ce n'était pas** (it wasn't) + an adjective, to say what something was like.
>
> **c'était** *drôle*   it was funny

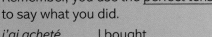
Page **75**

5 Lis le texte et les phrases. Qui parle? Écris le bon prénom.
Puis trouve l'équivalent en français des verbes soulignés.

Votre opinion est importante pour nous!

 ★★★★☆ Ma visite était super et les magasins sont fabuleux, mais j'ai acheté trop de vêtements et ensuite, j'ai vu une comédie marrante au ciné, alors j'ai dépensé trop d'argent! **Florian**

 ☆☆☆☆☆ J'ai lu une annonce pour les soldes et je suis allée au centre commercial, mais c'était un désastre! J'ai attendu une demi-heure pour entrer dans le parking. Quelle horreur! **Marianne**

 ★★★★★ Trop bien, la visite! J'ai découvert un petit café où les glaces sont vraiment délicieuses. Miam-miam! De plus, j'ai bu deux cocas et une limonade! **Omar**

 ★☆☆☆☆ À mon avis, les boutiques de mode sont trop chères. J'ai passé trois heures au centre et j'ai essayé plein de vêtements, mais je n'ai rien acheté. **Samira**

1 I discovered somewhere new to eat.
2 I waited a long time.
3 I spent too much money.
4 I tried on lots of clothes.
5 I drank a lot of soft drinks.
6 I saw a film.
7 I read an advert for the sales.

> *j'ai **bu**, j'ai **lu**, j'ai **vu**:* these irregular **past participles** all follow the same pattern. Which **infinitives** do they link back to?

 6 Traduis les phrases en anglais. Cherche les verbes dans un dictionnaire.

1 J'ai flâné dans le parc.
2 J'ai rencontré un ami.
3 J'ai saisi mon sac.
4 Je suis descendu à la cuisine.
5 J'ai ouvert la porte.

 7 Traduis en anglais les réponses de Florian et de Marianne dans le texte de l'exercice 5.

 8 Décris ta visite à un centre commercial. Écris un paragraphe.

Mention:
- when you went to the shopping centre and who with (*Hier / Samedi dernier, je suis allé(e) … avec …*)
- what you bought (*J'ai acheté … / Je n'ai rien acheté …*)
- what else you did while you were there (*J'ai bu / mangé / fait / vu / pris …*)
- your opinion of the visit, with a reason. (*C'était … parce que …*)

In a dictionary, verbs are listed in the **infinitive**. To look up a perfect tense verb, you need to work backwards and work out its **infinitive**. Remember the patterns for regular verbs:

past participle ends in …	example	infinitive ends in …	example
–é	*j'ai achet**é*** (I bought)	**–er**	*achet**er*** (to buy)
–i	*j'ai chois**i*** (I chose)	**–ir**	*chois**ir*** (to choose)
–u	*j'ai perd**u*** (I lost)	**–re**	*perd**re*** (to lose)

With irregular verbs:

- First, identify the part of the sentence which you think is a verb in the perfect tense.
- Then, look up the past participle in the dictionary. It may be listed like this:

ouvert pp – ouvrir ← This tells you that **ouvert** is the **past participle** (pp) of **ouvrir**, which is an **infinitive**.

- Finally, look up what the **infinitive** means if you don't know it already.

Use these steps for any irregular verbs in exercise 6.

Lire 1 Lis les phrases. Écris les bonnes lettres pour chaque question.

1 Qu'est-ce que tu fais normalement, le weekend?

2 Qu'est-ce que tu as fait le weekend dernier?

3 Qu'est-ce que tu vas faire le weekend prochain?

a L'après-midi, mon copain Robert et moi, **nous jouons** souvent en ligne ou au foot dans le parc.

b **Je vais visiter** un parc d'attractions avec Robert. **Nous allons prendre** le train.

c **Je suis allé** en ville et **j'ai fait** des achats. **J'ai choisi** un jean noir pour l'école.

Baptiste

d **Je prends** le bus et **je vais** au cinéma avec ma sœur. **J'adore** les films de science-fiction parce qu'**ils sont** passionnants

e D'habitude, **j'écoute** de la musique en streaming et je lis des BD.

f **J'ai mangé** un sandwich et **j'ai bu** un coca au resto.

g **Nous allons faire** les manèges et **on va manger** des glaces. Miam-miam!

G

The verb *prendre* (to take) is irregular in the plural forms.

je prends	I take
*tu prend*s	you (singular) take
il/elle prend	he/she takes
on prend	we take
nous **prenons**	we take
vous **prenez**	you (plural or polite) take
ils/elles **prennent**	they take

Écouter 2 Écoute et vérifie.

Lire 3 Copie et complète les listes avec les verbes en gras de l'exercice 1. Traduis les verbes en anglais.

Present tense
nous jouons (we play)
…

Perfect tense
je suis allé (I went)
…

Near future tense
je vais visiter (I am going to visit)
…

G

Make sure you know how to use different types of verbs in all three tenses.

	infinitive	present tense	perfect tense	near future tense
regular –er verbs	(e.g.) *jouer* (to play)	*je joue*	*j'ai joué*	*je vais jouer*
key irregular verbs	*boire* (to drink)	*je bois*	*j'ai bu*	*je vais boire*
	faire (to do / make)	*je fais*	*j'ai fait*	*je vais faire*
	prendre (to take)	*je prends*	*j'ai pris*	*je vais prendre*
	aller (to go)	*je vais*	*je suis allé(e)* on est allé(e)s**	*je vais aller*

*Remember, some verbs take **être**, not **avoir**, in the perfect tense, and the past participle must agree with the subject.

Page 75

En tandem. Jeu de mémoire. Tu es Baptiste. Ton/Ta camarade pose des questions.

- *Qu'est-ce que tu fais, normalement, le weekend?*
- *Normalement, j'écoute de la musique en streaming et …*
- *Qu'est-ce que tu as fait le weekend dernier?*
- *Le weekend dernier, je suis allé en ville et j'ai …*
- *Qu'est-ce que tu vas faire le weekend prochain?*
- *Le weekend prochain, je vais visiter un parc d'attractions et je vais …*

Écoute et lis. Écris des notes en anglais (1–2):

a normally …   **b** yesterday …   **c** tomorrow …

What do the following connectives from exercise 5 mean?
mais, cependant, alors, donc

Pas comme d'habitude!

1 Normalement, le vendredi, je vais au collège.

Cependant hier le collège était fermé parce qu'il y avait une grève des profs. Donc j'ai retrouvé mon meilleur copain et nous sommes allés au cinéma. Nous avons vu un film d'animation.

Ce n'était pas mal. Demain, c'est samedi et je vais voir le match au stade. Youpi!

2 Normalement, en janvier, j'ai cours tous les jours. C'est triste.

Mais hier, le collège était fermé. Il y avait une inondation! Alors, j'ai fait les magasins avec mes amis et après, nous avons mangé une pizza.

Demain, si le collège est toujours fermé, je vais faire une promenade avec mon chien.

fermé	closed
il y avait	there was

Hugo prépare un vlog. Regarde ses notes. Qu'est-ce qu'il dit? Puis écoute et vérifie.

Normalement, le weekend, bus – piscine, nager

Le weekend dernier: je suis resté à la maison – *Star Wars Battlefront* en ligne

Après, cinéma avec amis – comédie.

Le weekend prochain – match au stade, au café

Imagine que ton collège était fermé. Prépare un vlog. Puis présente ton vlog à ton/ta camarade.

- Use the present, perfect and near future tenses.
- Use *nous*, as well as *je*.
- Include connectives: *et, mais, cependant, alors, donc*.
- Include opinions in the present (*c'est …*) or the past (*c'était …*).
- Speak using short notes as prompts.

To prepare a longer piece of speaking:

- Decide what you are going to say. Keep it simple!
- Check your grammar. Pay careful attention to tenses.
- Make short notes on a card, like the one above.
- Practise out loud, using your notes. Check your pronunciation.

Bilan

P I can ...
- talk about celebrities .... *J'aime beaucoup ... parce qu'il est gentil.*
- talk about types of TV programmes .... *Je n'aime pas tellement les feuilletons. À mon avis, ils sont ennuyeux.*
- use singular and plural adjective agreement .... *amusant / amusant**e** / amusant**s** / amusant**es***

1 I can ...
- talk about using digital technology .... *Je regarde des séries à la demande. J'écoute de la musique en streaming.*
- form and answer a range of questions .... ***Où** est-ce que tu ...? **Quand** est-ce que tu ...? **Avec qui** est-ce que tu ...?*

2 I can ...
- arrange to go to the cinema .... *Tu veux aller au cinéma demain? Oui, je veux bien, merci.*
- discuss when and where to meet .... *Rendez-vous chez moi, à 19h00. D'accord?*
- buy cinema tickets .... *Je voudrais deux billets pour Avengers, s'il vous plaît.*
- use the **near future** tense .... *Je **vais voir** un film d'action.*

3 I can ...
- talk about leisure activities .... *Le samedi, je joue sur ma Xbox, puis je fais les magasins avec mes amis.*
- use different **negatives** .... *Je **ne** joue **jamais** en ligne. Je **ne** fais **rien**.*
- use the irregular verb *lire* .... *Je **lis** beaucoup. Nous **lisons** au collège.*
- use the correct word for 'his/her' .... ***son** portable / **sa** tablette / **ses** amis.*

4 I can ...
- spot synonyms when listening .... *J'ai fait une promenade. J'ai fait une balade.*
- look up perfect tense verbs when reading .... ***J'ai ouvert** la porte. **J'ai attendu** une demi-heure.*
- use the perfect tense .... *Je **suis allé(e)** au centre commercial. **J'ai acheté** un tee-shirt.*

5 I can ...
- use three tenses together .... *Normalement, **je vais** au collège. Hier, **j'ai joué** à des jeux vidéo. Demain, **je vais boire** un coca.*
- speak from notes .... *Hier, collège fermé – en ville.*
- use the irregular verb *prendre* .... *Je **prends** le bus à 8h15.*
- form the **present**, **perfect** and **near future** tenses .... *je mange / j'ai mangé / je vais manger*

Révisions

1 In pairs. How many of the following can you list in two minutes (with the correct indefinite article)?
  a types of TV programmes (*Example:* une émission de sport)
  b types of films (*Example:* un film romantique)

2 Is each of these adjectives in the masculine plural or feminine plural form? Or could it be either? What does each adjective mean?

nuls bêtes sérieux ennuyeuses divertissants passionnantes drôles pleins d'action

3 Write four sentences giving your opinion of different types of programmes or films, with reasons. Use the correct word for 'they' and make the adjective agree.

  Example: J'aime les films de super-héros parce qu'**ils** sont passionnant**s**.

4 What is each of these questions asking you? Use the questions to interview your partner.

  1 Comment est-ce que tu regardes la télé?

  2 Avec qui est-ce que tu regardes la télé?

  3 Où et quand est-ce que tu écoutes de la musique?

5 Copy out this dialogue in the correct order. Then practise it with your partner.

  Il y a une séance à 19h30.
  Je vais aller au cinéma ce soir. Tu viens?
  Chez moi à 19h00?
  D'accord. À samedi.

  Rendez-vous où et à quelle heure?
  Désolé. Ce soir, je ne peux pas.
  Je veux bien, merci. Quelle séance?
  Alors, samedi soir?

6 Translate these negative sentences into English.

  1 Je ne fais pas les magasins.
  2 Je ne lis jamais.
  3 Je ne mange rien.
  4 Je ne fais jamais de promenades.

7 Copy out this passage, putting the verbs into the perfect tense.

  Le weekend dernier, je suis allé au centre commercial avec mes amis. D'abord, on (faire) les magasins et j' (acheter) un tee-shirt. Ensuite, j' (manger) un sandwich et j' (boire) un coca. Après, on (faire) une balade dans le parc. Puis je (aller) au cinéma où j' (voir) un film d'action.

8 In pairs. Use the pictures to create a dialogue. Use the present, perfect and near future tenses.

  ● *Qu'est-ce que tu fais, normalement?*

  ● *Qu'est-ce que tu as fait hier?*

  ● *Qu'est-ce que tu vas faire demain?*

Écoute 1

Écoute. Qu'est-ce qu'ils ont fait le weekend dernier?
Écris les trois bonnes lettres pour chaque personne.

1 Raphaël   **2** Yasmine

Il/Elle a …

a	vu un film.
b	mangé en ville.
c	retrouvé des amis.
d	joué à des jeux vidéo.
e	fait de la natation.
f	fait des achats.
g	fait une balade.
h	lu des BD.

Remember TR**AP**S!

A: listen out for alternative words or synonyms to those in the grid.

P: watch out for whether verbs are positive or negative. You need to focus on what they **did** do.

Écoute 2

Écoute. Copie et complète le tableau en anglais. (1–3)

	number of tickets		time of film	price
	adults	children		
1				

Parler 3

Description d'une photo. Choisis la photo A ou la photo B et prépare ta réponse aux questions.

- *Qu'est-ce qu'il y a sur la photo?*
- *Sur la photo, il y a …*
- *Comment est-ce que tu regardes la télé? Et quand?*
- *Je regarde la télé …*
- *Qu'est-ce que tu aimes et qu'est-ce que tu n'aimes pas regarder?*
- *J'aime / Je n'aime pas les … parce qu'ils/elles sont …*
- *Qu'est-ce que tu as regardé hier? C'était comment?*
- *Hier soir j'ai …*

When describing a photo, take care to use the correct form of the verb:

*Il/Elle **est** / **regarde** / **porte** …*

*Ils/Elles **sont** / **regardent** / **portent** …*

*Il/Elle **a** l'air …*

*Ils/Elles **ont** l'air …*

Remember, the verb endings **–e** and **–ent** are silent.

Also remember that there are three words for 'his/her': **son**, **sa**, **ses**.

4 Lis le texte et choisis les bonnes réponses.

Aller au cinéma

C'est bien d'aller au cinéma. Bien sûr, maintenant, on peut voir presque tous les films à la maison, mais le cinéma, ce n'est pas du tout pareil. La première fois qu'on a vu *Casper le fantôme*, pendant les vacances, la salle était bourrée de monde et, à chaque gag, on avait l'impression d'une explosion de rires. Depuis, ils ont repassé le film à la télé: c'était beaucoup moins drôle. Et puis, aller au cinéma, souvent, c'est une surprise. Ça se passe en général un samedi un peu ennuyeux, avec pas mal de devoirs à faire, dehors de la pluie et du vent.

This extract comes from a collection of stories called *C'est toujours bien,* by Philippe Delerm. In the book, the author writes about his memories of things which made him happy as a child.

pareil	*the same*
bourré de monde	*crammed full with people*
moins	*less*
la pluie	*rain*

1 The author thinks watching films at home is …
  a the same as going to the cinema.   **b** not the same as going to the cinema.   **c** not very good value.

2 He and his family went to see *Casper the Friendly Ghost* …
  a at the weekend.   **b** during the holidays.   **c** at Christmas.

3 Seeing the film again on TV was …
  a less funny.   **b** less interesting.   **c** less exciting than at the cinema.

4 They often go to the cinema when it is a boring …
  a Friday.   **b** Saturday.   **c** Sunday.

5 They usually go when the weather is …
  a cold.   **b** hot.   **c** wet and windy.

> You don't need to understand everything. Read the questions to work out what information you need. Then look for words you recognise or can work out from the context.

5 Traduis le passage en français.

Use *le* followed by the day of the week.

Use the perfect tense. There are two ways of saying each of these things!

Normally, on Saturday, I go to the park and I play tennis with my brother.

But yesterday, I went shopping and I bought a tee-shirt.
Then I went swimming. It was great!

Tomorrow, I am going to go cycling with my friends.
Then we are going to see a science fiction film.

There are also two ways of saying this! Use the near future tense.

Use *on* or *nous*, followed by the correct form of the verb, in the near future tense.

6 Écris un paragraphe en français. Réponds aux questions.

- Qu'est-ce que tu aimes voir au cinéma?
- Qui est ton acteur/actrice préféré(e), et pourquoi?
- Qu'est-ce que tu fais en ligne?
- Qu'est-ce que tu as fait hier après le collège?
- Qu'est-ce que tu vas faire demain?

Au cinéma, j'aime voir …

Mon acteur / actrice préféré(e), c'est …, parce que …

Souvent je …, parfois …, mais je ne … jamais … parce que …

Hier, j'ai … / je suis … avec … . C'était …

Demain je vais …

En plus

Lire 1 Lis le texte et réponds aux questions en anglais.

1 At which two times is the news on?
2 Is the football match a quarter final, semi-final or final?
3 What other sporting event is on and in which country?
4 Which French word means 'weather forecast'? (Clue: it appears twice!)
5 Who is the host of the French version of the gameshow *Pointless*?
6 In which programme is a young model found dead during a photo shoot?
7 The programmes at 13.25, 14.20 and 21.00 are all live. Which two French words tell you this?
8 What is the subject of the factual programme at 23.50?

To help you understand an information text like this, ask yourself:

- What type of text is it?
- What do I know about similar text-types in English?
- How many words do I know?
- Are there any cognates to help me?
- How much can I guess or work out from the context of the sentence or paragraph?

mercredi 25 avril

France3

12:30........**Le 12/13 Infos et Édition des régions**

13:25........**Météo à la carte**
(en direct)

14:20........**Cyclisme: La Flèche Wallonne**
En direct de Belgique

15:40........**Rex**
(saison 12, 6/12)
Série policière. Une jeune mannequin est morte en pleine séance photo.

16:30........**Slam**

17:20........**Personne n'y avait pensé!**
Jeu animé avec Cyril Féraud

18:00........**Questions pour un champion**

19:00........**Le 19/20 Infos et Météo**

20:30........**Plus belle la vie**
Feuilleton français
Jeanne est stressée par la présence de son invitée.

21:00........**Coupe de France** – 2ème-demi-finale: Caen – Paris S-G
Football en direct du Stade-Michel-d'Ornano, à Caen.

23:00........**Soir 3**
Présenté par Francis Letellier

23:50........**Avenue de l'Europe, le mag**
Gros plan sur les Français qui travaillent en Italie, en Suisse ou en Allemagne mais habitent en France.

Écouter 2 Écoute. Qu'est-ce qu'ils vont regarder? Écris le titre de chaque émission. (1–4)

Qu'est-ce qu'il y a (à la télé)? *What's on (the TV)?*

Parler 3 En tandem. Qu'est-ce que tu veux regarder? Discute avec ton/ta camarade.

- *Qu'est-ce que tu veux regarder à la télé?*
- *Ça dépend. Qu'est-ce qu'il y a?*
- *Il y a Plus belle la vie, à 20h30.*
- *Ah oui, j'adore les feuilletons! Je pense qu'ils sont divertissants.*

Ou

- *Ah non, je déteste les feuilletons. À mon avis, ils sont … Je préfère …*

Remember, 'they' translates as:
ils (masculine noun)
elles (feminine noun)

4 Écoute et lis le texte. Devine le sens des mots soulignés.

Listen and read. Can you guess the meaning of the underlined words?

Nom: Il s'appelle Omar Sy.

Profession: Il est acteur et humoriste français.

Naissance: Omar Sy <u>est né</u> le 20 janvier 1978 à Trappes, en France.

Famille: Sa mère <u>vient de</u> la Mauritanie et son père vient du Sénégal. Sa famille est assez grande – il a sept frères et sœurs!

Carrière: D'abord, Omar a joué dans des sketchs et des comédies à la télévision. Ensuite, <u>il a joué dans</u> beaucoup de films français et puis dans des films à Hollywood.

En 2014, <u>il a joué le rôle</u> du mutant Bishop dans *X-Men: Days of Future Past* et en 2015 le rôle de Barry dans *Jurassic World*. En 2017, <u>il a donné sa voix</u> au personnage de Hot Rod dans *Transformers: The Last Knight*.

Palmarès: Omar Sy <u>a gagné</u> le César du meilleur acteur pour le film *Intouchables*, en 2012.

Vie privée: Omar Sy <u>est marié</u>. <u>Sa femme</u> s'appelle Hélène et ils ont cinq enfants (trois filles et deux garçons).

Remember, there are three words for 'his/her':

son père (his/her father)

sa mère (his/her mother)

ses enfants (his/her children)

Name:	Omar Sy
Profession:	Actor and comedian
Date and place of birth:	
Family:	Mother from Mauritania, father
Career:	Started out playing ____. Then ____. Played the parts of ____.
Awards:	Won ____
Private life:	____

5 Copie et complète les détails en anglais.

Complete the profile in English. Don't translate the whole thing word-for-word, just write short notes.

6 Choisis un acteur ou une actrice. Fais des recherches, trouve une photo, puis écris son portrait. Adapte le texte de l'exercice 4.

- Keep it simple. Stick to language you know or find a way around things. For example, you don't know how to say 'he is single', but how would you say 'he is not married'?

- If you choose a female celebrity, remember to use agreement where necessary: *Elle est née … Elle est mariée.*

- Use the present tense to describe things which are happening now or ongoing (profession, family, etc.)

- Use the perfect tense to describe past events (moments from his/her career, awards, etc.)

Grammaire

Adjectival agreement (Point de départ, pages 56–57)

1 Use the prompts to write sentences, following the example.

Example: **1** J'adore Jennifer Lawrence parce qu'elle est sérieus**e** et intelligent**e**.

1 Jennifer Lawrence (sérieux, intelligent)

2 😊 Ed Sheeran (modeste, généreux)

3 🙂 Ariana Grande (joli, travailleur)

4 😞 les feuilletons (nul, bête)

5 😍 les comédies (drôle, divertissant)

6 😖 les jeux télévisés (ennuyeux, ridicule)

💡 In French, <u>all</u> nouns (not just people) are either masculine or feminine.

Adjectives must 'agree' with the subject: masculine or feminine, singular or plural.

The main patterns of agreement are as follows:

	masc singular	fem singular	masc plural	fem plural
Regular	*intéressant*	*intéressante*	*intéressants*	*intéressantes*
Ending in **–e**	*égoïste*	*égoïste*	*égoïstes*	*égoïstes*
Ending in **–eur** or **–eux**	*travailleur* *sérieux*	*travailleuse* *sérieuse*	*travailleurs* *sérieux*	*travailleuses* *sérieuses*
Irregular	*gentil* *nul* *beau*	*gentille* *nulle* *belle*	*gentils* *nuls* *beaux*	*gentilles* *nulles* *belles*

they are … *ils sont …* or *elles sont …*

To decide which word to use for 'they', check the gender of the word in the *Vocabulaire*, on page 76.

Negatives (Unit 3, page 62)

2 Nolan Négatif is always negative! Answer the following questions for him, using the negative phrase in brackets.

Example: **1** Je ne fais pas de sport.

1 Est-ce que tu fais du sport? (ne … pas)

2 Tu lis souvent des BD? (ne … jamais)

3 Qu'est-ce que tu écoutes? (ne … rien)

4 Tu regardes des séries policières? (ne … jamais)

5 Est-ce que tu manges des pizzas? (ne … pas)

Negative expressions go around the verb.

Not: *Je **ne** lis **pas**.* (I don't read.)

Never: *Je **ne** regarde **jamais** la télé.* (I never watch TV.)

Nothing: *Je **ne** fais **rien**.* (I don't do anything.)

💡 • Remember, **ne** shortens to **n'** in front of a vowel: *Je **n'**écoute pas la radio.* (I don't listen to the radio.)

• After a negative, *un/une* and *du, de la, de l'* and *des* change to **de**: *Je ne mange jamais **de** poisson.* (I never eat fish.)

Remember to change the verb ending if it is a regular **–er** verb.

*Qu'est-ce que tu mang**es**?* *Je ne mang**e** rien.*

The perfect tense (Unit 4, page 64)

3 Take the perfect tense challenge! Copy out and complete the grammar box below. If you need help, look at *Les verbes*, on pages 136–139.

4 Put the verbs in brackets into the perfect tense. Remember to use *avoir* or *être* and form the past participle correctly. Do any of the verbs need agreement?

1 Je (acheter) des baskets.
2 On (manger) des glaces.
3 Il (choisir) un tee-shirt.
4 Nous (attendre) le bus.
5 Tu (boire) une limonade.
6 Je (faire) les magasins.
7 Ils (prendre) des photos.
8 Vous (voir) une comédie.
9 Elle (aller) à la piscine.
10 Ils (rester) à la maison.

- You use the perfect tense to say what you <u>did</u> or <u>have done</u>.
- To form the perfect tense of <u>most</u> verbs, use part of the verb **1**, plus a past participle.
- With regular *–er* verbs take *–er* off the infinitive and add **2**.
- With regular *–ir* verbs take *–ir* off the infinitive and add **3**.
- With regular *–re* verbs take *–re* off the infinitive and add **4**.
- Some key verbs, like *faire* have irregular **5** **6** (e.g. *fait*).
- The past participles for *boire, lire* and *voir* form a group: *bu,* **7** and **8**.
- A few verbs, like *aller* and *rester*, use part of the verb **9** in the perfect tense.
- With these verbs, the past participle must agree with the subject. Add **10** in the feminine and **11** in the plural.

Using three tenses together (Unit 5, page 66)

5 Write out the sentences, using the present and near future tenses of the verb in brackets. Then translate them into English.

Example: **Normalement,** je **joue** au foot, mais demain, je **vais jouer** au tennis.

1 Normalement, je … au foot, mais demain, je … au tennis. (jouer)
2 Normalement, je … à la piscine, mais demain, je … dans la mer. (nager).
3 Normalement, on … à 15h30, mais demain, on … à midi. (finir)
4 Normalement, on … le bus, mais demain, on … le train. (prendre, attendre)
5 Normalement, je … les magasins, mais demain, je … une balade. (faire)
6 Normalement, on … au collège, mais demain, on … au parc. (aller)
7 Normalement, je … des magazines, mais demain, je … des BD. (lire)

- Use the <u>present tense</u> to say what you <u>normally do</u>, or what <u>is happening now</u>. *Je* **regarde** *la télé.* (<u>I watch</u> TV or <u>I am watching</u> TV.)
- Use the <u>near future tense</u> to say what you are <u>going to do</u>. *Je* **vais regarder** *la télé.* (I am <u>going to watch</u> TV.)
- Make sure you remember how to form both these tenses of different types of verbs. If you need a reminder, look at *Les Verbes*, on pages 136–139.

6 Translate the passage into French, using the correct tense of the <u>underlined</u> verbs. The time phrases (normally, yesterday, tomorrow) will help you to decide which tense to use.

Normally, <u>I go</u> to the park and <u>I play</u> football with my friends. Then <u>we eat</u> ice creams.

But yesterday, <u>I went</u> to the shopping centre and <u>I bought</u> a tee-shirt. Then <u>I drank</u> an orange juice.

Tomorrow, <u>I am going to stay</u> in bed and <u>I am going to read</u>. Then <u>I am going to go</u> to the cinema.

Vocabulaire

Ma célébrité préférée est …	My favourite celebrity is …
Il/Elle est / n'est pas …	He/She is / is not …
arrogant(e).	arrogant.
intelligent(e).	intelligent.
laid(e).	ugly.
méchant(e).	nasty.
bête.	stupid.
drôle.	funny.
égoïste.	selfish.
modeste.	modest.
sérieux/sérieuse.	serious.
généreux/généreuse.	generous.
paresseux/paresseuse.	lazy.
travailleur/travailleuse.	hard-working.
beau/belle.	good-looking.
gentil/gentille.	kind.
Il/Elle a beaucoup de talent.	He/She has lots of talent.
Il/Elle fait beaucoup de choses pour les bonnes causes.	He/She does a lot for charity.
C'est mon chanteur / ma chanteuse préféré(e).	He/She is my favourite singer.
C'est un(e) de mes acteurs / actrices préféré(e)s.	He/She is one of my favourite actors/actresses.

J'aime / Je n'aime pas …	I like / I don't like …
les comédies	comedies
les dessins animés	cartoons
les documentaires	documentaries
les feuilletons	soaps
les infos	the news
les jeux (télévisés)	gameshows
les séries (policières)	(police) series
les émissions de …	
cuisine	cookery
musique	music
sport	sport
science-fiction	science fiction
télé-réalité	reality
	… programmes
parce qu'ils/elles sont …	because they are …
ridicules.	ridiculous.
divertissant(e)s.	entertaining.
intéressant(e)s.	interesting.
passionnant(e)s.	exciting.
plein(e)s d'action.	full of action.
ennuyeux/ennuyeuses.	boring.
nuls/nulles.	rubbish.
marrant(e)s.	funny.
bêtes.	stupid.

Je regarde la télé …	I watch TV …
avant les cours.	before lessons.
tous les soirs.	every evening.
le weekend.	at the weekend.
dans le salon.	in the living room.
dans le bus.	on the bus.
dans ma chambre.	in my bedroom.
avec ma famille.	with my family.
seul(e).	alone.
Je regarde …	I watch …
des chaînes sur YouTube	YouTube channels
à la demande, sur Netflix	on demand, on Netflix
sur mon smartphone	on my smartphone
sur mon ordinateur	on my computer
sur ma tablette	on my tablet

C'est facile.	It's easy.
C'est varié.	It's varied.
Ce n'est pas cher.	It's not expensive.
J'écoute de la musique en streaming.	I stream music.
Je télécharge des chansons.	I download songs.
Je crée des playlists.	I create playlists.
Je joue sur ma Xbox.	I play on my Xbox.
J'achète des jeux et je joue en ligne.	I buy games and play online.

Unité 2 (pages 60–61) *On va au ciné?*

Je vais au cinéma.	*I'm going to the cinema.*
Tu viens?	*Are you coming?*
Ça dépend. Qu'est-ce que tu vas voir?	*It depends. What are you going to see?*
Je vais regarder ...	*I'm going to see ...*
une comédie	*a comedy*
un film d'animation	*an animated film*
un film romantique	*a romantic film*
un film d'action	*an action film*
un film d'horreur	*a horror film*
un film de science-fiction	*a sci-fi film*
un film de super-héros	*a superhero film*
Il y a une séance à 14h.	*There's a screening at 2 pm.*
Bonne idée! Je veux bien.	*Good idea! I'd like to.*
Tu rigoles!	*You're kidding!*
Je n'ai pas envie.	*I don't want to.*

Désolé(e). Je ne peux pas ce soir.	*Sorry. I can't this evening.*
Rendez-vous où et à quelle heure?	*Where and when shall we meet?*
Chez moi. / Chez toi.	*At my house. / At your house.*
À 19h.	*At 7 pm.*
À plus.	*See you later.*
À demain.	*See you tomorrow.*
À samedi.	*See you on Saturday.*
Je peux vous aider?	*Can I help you?*
Je voudrais trois billets pour ...	*I'd like three tickets for ...*
Deux adultes et un enfant.	*Two adults and one child.*
Ça fait combien?	*How much is it?*
C'est quelle salle?	*Which screen?*

Unité 3 (pages 62–63) *Quels sont tes loisirs?*

Je bavarde / Je parle avec mes copains.	*I chat / I talk to my friends.*
Je fais du cyclisme. / Je fais du vélo.	*I go cycling.*
Je lis. / Je fais de la lecture.	*I read.*

Je nage. / Je fais de la natation.	*I swim. / I go swimming.*
Je ne lis pas beaucoup.	*I don't read much.*
Je ne joue jamais à des jeux vidéos.	*I never play video games.*
Je ne fais rien.	*I don't do anything.*

Unité 4 (pages 64–65) *Tu as fait des achats?*

Je suis allé(e) au centre commercial.	*I went to the shopping centre.*
J'ai fait les magasins. / J'ai fait des achats.	*I went shopping.*
J'ai lu une annonce pour les soldes.	*I read an advert for the sales.*

J'ai fait une balade. / J'ai fait une promenade.	*I went for a walk.*
J'ai attendu une demi-heure.	*I waited half an hour.*
J'ai depensé trop d'argent.	*I spent too much money.*
J'ai découvert un café.	*I discovered a café.*
J'ai essayé plein de vêtements.	*I tried on lots of clothes.*

Unité 5 (pages 66–67) *Normalement, hier et demain*

Normalement, ...	*Normally, ...*
j'écoute de la musique.	*I listen to music.*
je lis des BD.	*I read comics.*
nous jouons en ligne.	*we play online.*
Le weekend dernier, ...	*Last weekend, ...*

je suis allé(e) ...	*I went...*
j'ai choisi ...	*I chose ...*
Le weekend prochain, ...	*Next weekend, ...*
je vais visiter ...	*I am going to visit ...*
on va prendre ...	*we are going to take ...*

Les mots essentiels *High-frequency words*

Possessive adjectives		Negatives	
mon/ma/mes	*my*	ne ... pas	*not*
ton/ta/tes	*your*	ne ... jamais	*never*
son/sa/ses	*his/her*	ne ... rien	*nothing*

Le monde est petit

1 C'est dans quel continent?

l'Inde

le Mali

la Russie

la Suisse

les États-Unis

l'Afrique du Sud

l'Australie

la Nouvelle-Zélande

la Chine

le Royaume-Uni

le Brésil

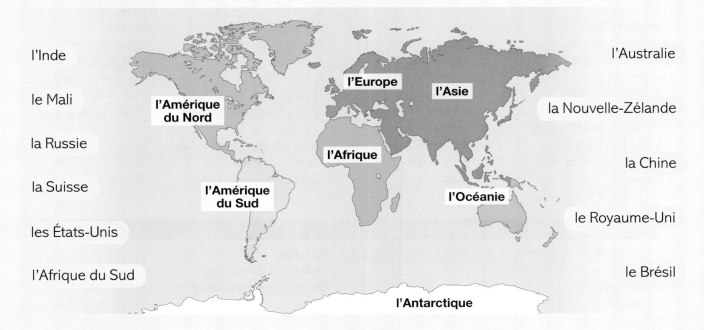

2 Identifie la ville et le pays francophone.

Paris en France

Tunis en Tunisie

Québec au Canada

Bamako au Mali

3 Ces villes et ces villages en France sont célèbres. Pourquoi?

Follow the linking lines and unjumble the words to find out!

1 Camembert est connu pour …

2 Val d'Isère est connu pour …

3 Cannes est connue pour …

4 Giverny est connue pour …

le festival du FLMI

les AJSDRIN de Monet

le RFOGEAM

le KIS

4 Choisis la bonne réponse (en gras).

France has some amazing natural and manufactured features.
- About 50,000 people pass through the Channel Tunnel every day.
- The *Viaduc de Millau* is the world's tallest bridge.
- *La dune du Pilat* is the highest sand dune in Europe.

1 Le tunnel sous la Manche a été construit en **1894 / 1954 / 1994**.

2 Le viaduc de Millau mesure **30 / 343 / 3000** mètres de haut.

3 Le mont Blanc est la montagne la plus haute **de France / d'Europe / du monde**.

4 La dune du Pilat mesure **10 / 50 / 110** mètres de haut.

1 **Écoute les interviews avec les touristes à Paris et note les bonnes lettres. (1–6)**

Où habites-tu? J'habite …

a dans un village

b dans une ville

c dans une grande ville

d à la campagne

e à la montagne

f au bord de la mer

g sur une île

h dans le désert

i en France

j en Suisse

k au Maroc

l aux Antilles

- The usual word for 'in' is **dans**: **dans** le désert **in** the desert
- 'in' = **en** for feminine countries: **en** France
- 'in' = **au** for masculine countries: **au** Maroc
- 'in' = **aux** for plural countries: **aux** Antilles
- Other expressions with 'in': **à la** campagne **in the** country **en** ville **in** town.

2 **En tandem. Écris une phrase secrète en utilisant une expression de chaque colonne de l'exercice 1. Puis devine la phrase de ton/ta partenaire.**

- *Où habites-tu?*
- *J'habite dans une ville au bord de la mer au Maroc.*

3 **En tandem. Discute du temps sur chaque photo. Puis écoute et vérifie. (1–4)**

- *Photo a. Quel temps fait-il?*
- *Il fait froid et …*

Quel temps fait-il?	Il fait beau.	Il neige.
	Il fait mauvais.	Il y a du soleil.
	Il fait chaud.	Il y a du vent.
	Il fait froid.	Il y a du brouillard.
	Il pleut.	Il y a des orages.

Focus on your pronunciation of the weather expressions. Watch out for silent final consonants in words such as *fait, mauvais, froid, pleut, soleil, vent, brouillard* and *orages*.

4 Lis le forum. Copie et complète le tableau en anglais.

	lives	opinion (summer)	opinion (winter)
1	small village …		

Look out for small words which change meaning:
*C'est **très** calme.* It's **very** quiet.
*C'est **trop** calme.* It's **too** quiet.

Où habites-tu?

1 **KikiDo**

J'habite dans un petit village à la campagne en France. En été c'est amusant parce qu'il y a des touristes. Mais en hiver, c'est trop tranquille et c'est ennuyeux.

2 **Susie453**

J'habite dans une grande ville au Maroc. C'est vraiment animé en hiver. Mais à mon avis c'est nul en été parce qu'il fait trop chaud.

3 **Raoul19**

Nous habitons dans une ville à la montagne au Canada. C'est génial en été parce que c'est très calme. C'est vraiment joli en hiver parce qu'il neige souvent.

5 Écris un texte pour le forum de l'exercice 4 sur ton village/ta ville. Utilise le tableau de l'exercice 1 et les opinions de l'exercice 4. Dans ton texte, réponds aux questions:

- C'est quelle sorte de ville? C'est où?
- C'est comment en été? Pourquoi?
- C'est comment en hiver? Pourquoi?

6 Regarde la photo et relie les phrases.

1 Sur la photo il y a …
2 À mon avis c'est en …
3 Sur la photo, il …
4 Je pense que c'est …

a Espagne ou en Italie.
b fait chaud et il y a du soleil.
c animé et génial.
d une ville au bord de la mer.

7 En tandem. Prépare des réponses aux questions pour chaque photo. Adapte les phrases de l'exercice 6.

- Qu'est-ce qu'il y a sur la photo?
- À ton avis, c'est dans quel pays?
- Quel temps fait-il sur la photo?
- Qu'est-ce que tu penses de la ville / du village sur la photo?

Elle est comment, ta région?

• Describing where you live
• Using *pouvoir* + infinitive

1 Écoute et lis l'article et réponds aux questions en anglais.
Puis traduis en anglais les <u>quatre</u> phrases **en gras**.

J'habite la région parisienne. Il y a plein de bâtiments et d'appartements, mais il y a peu de lacs ou montagnes. **On peut visiter les monuments historiques**.

Nous habitons en Dordogne. Là où nous habitons, il y a beaucoup de rivières et de forêts. **On peut visiter des grottes et faire du canoë-kayak**.

Est-ce que tu connais la France?

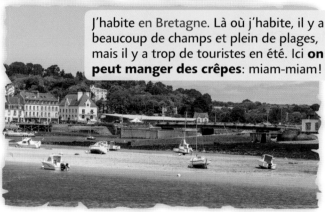

J'habite en Bretagne. Là où j'habite, il y a beaucoup de champs et plein de plages, mais il y a trop de touristes en été. Ici **on peut manger des crêpes**: miam-miam!

J'habite en Savoie. Il y a beaucoup de montagnes et plein de lacs. C'est calme mais **on peut faire des randonnées en été et du ski en hiver**.

beaucoup de	lots of
plein de	loads of
trop de	too many
peu de	few / little

*Il y a **plein de** lacs.*
There are **loads of** lakes.

Where can you find ...?

1 lots of rivers and forests
2 lots of fields
3 loads of buildings and flats
4 few lakes or mountains
5 lots of mountains and loads of lakes
6 too many tourists

2 Écoute et décide si chaque personne est positive (P), négative (N) ou les deux (P et N). (1–4)

In the texts above, 'on' can be translated as 'you' or 'people in general'.

Elle est comment, ta région?
Dans ma région, il y a …

peu beaucoup plein trop	de	bâtiments / voitures. jardins publics / touristes. champs / plages / rivières. forêts / lacs / montagnes. magasins / restaurants. distractions pour les jeunes.
	d'	appartements.

En été En hiver	on peut	visiter des monuments historiques. visiter des grottes. faire du ski.
	on ne peut pas	faire du canoë-kayak. faire des randonnées. faire les magasins. aller au cinéma / à la plage / en ville. manger des crêpes.

82 *quatre-vingt-deux*

3 Tu habites dans la région sur la photo. Écris une description de ta région. Utilise les tableaux sur la page 82.

4 Écoute et lis l'article. Puis corrige l'erreur <u>soulignée</u> dans chaque phrase en anglais.

Étude de cas — J'habite au Mali

Je m'appelle Demba et j'habite à la campagne au Mali. Dans ma région, il y a beaucoup de champs et on peut cultiver le coton.

Pendant la saison sèche, il fait très chaud et il ne pleut pas. On ne peut pas travailler dans les champs. Mon père travaille en ville. Avec son argent, nous pouvons acheter des animaux. Dans le village, je surveille les animaux mais je peux aussi aller à l'école.

Pendant la saison des pluies, je peux travailler dans les champs et je peux vendre des légumes au marché local. Mais souvent je ne peux pas aller à l'école pendant la saison des pluies: il y a trop de travail.

1 Demba lives in a part of Mali where you can grow <u>tomatoes</u>.
2 During the <u>wet</u> season, they cannot work in the fields.
3 With the money Demba's dad makes in town, they can buy <u>food</u>.
4 Demba looks after the animals but he can also go <u>swimming</u>.
5 During the wet season, Demba can sell vegetables at <u>school</u>.

pouvoir (to be able to) is an irregular modal verb. It is usually followed by an **infinitive**.

je peux	I can
tu peux	you (singular) can
il/elle / on peut	he/she / we (people) can
nous pouvons	we can
vous pouvez	you (plural or polite) can
ils/elles peuvent	they can
*On peut **cultiver** le coton.*	We/People can **grow** cotton.
*Il **ne** peut **pas** aller à l'école.*	He **can't go** to school.

How many examples of *pouvoir* + infinitive can you find in the text from exercise 4?

Page 98

5 En tandem. Prépare une interview avec Demba. Utilise ces questions et le texte de l'exercice 4. Écris et parle des notes.

- Bonjour, Demba, où habites-tu?
- Elle est comment, ta région?
- Quel temps fait-il pendant la saison sèche?
- Est-ce que tu peux aller à l'école pendant la saison sèche?
- Qu'est-ce que tu peux faire pendant la saison des pluies?
- Est-ce que tu peux aller à l'école pendant la saison des pluies?

peux, *peut* and *peuvent* contain **eu**, as in *profess**eu**r*.

pouvons and *pouvez* contain **ou**, as in *d**ou**ze*. It sounds like the English 'oo'.

Watch out for silent letters: *peu**x**, peu**t**, pouvon**s*** and *peuv**ent***.

Qu'est-ce qu'on doit faire pour aider à la maison?

- Listening for different persons of the verb
- Using different strategies to decode words while reading

1 Écoute et lis les phrases. Identifie la bonne image.

Exemple: **1** *d*

Qu'est-ce qu'on doit faire pour aider à la maison?

a b c

d e f

g h i

1 Je dois laver la voiture.
2 Je dois garder ma petite sœur.
3 Je dois faire la cuisine.
4 Mon frère doit faire la lessive.
5 Je dois ranger ma chambre.
6 Je dois rapporter l'eau.
7 Ma sœur doit nourrir les animaux.
8 Je ne fais rien pour aider à la maison!
9 Je dois faire la vaisselle.

 G

devoir (to have to / must) is an irregular modal verb. It is usually followed by an **infinitive**.

je dois	I must
tu dois	you (singular) must
il/elle / on doit	he/she / we (people) must
nous devons	we must
vous devez	you (plural or polite) must
ils/elles doivent	they must

*Je **dois** faire la vaisselle.*   I **must do** the washing up.

ne ... pas around the verb *devoir* makes it negative:

*On **ne** doit **pas** polluer l'eau.*   We/People must **not** pollute the water.

Page 98

2 Écoute et écris des notes en anglais. (1–3)

For Serge, Christelle and Abdoul, note:
- How many brothers and sisters they have
- Which tasks they and their siblings do at home.

TRAPS – listen out for the **S**ubject (person involved)
- You may hear different members of the family mentioned.
- Subject pronouns will also help you: *je, il, elle, on*.

3 En tandem. Fais une conversation sur les tâches ménagères.

- *Chez toi, qu'est-ce qu'on doit faire pour aider à la maison?*
- *Je dois … Mon frère doit …*

Je ne fais rien pour aider à la maison.		
Je dois		garder mon frère / ma sœur / le bébé.
		ranger ma/sa chambre.
Mon frère		laver la voiture.
Ma sœur	doit	nourrir le chien / le chat / les animaux.
On		faire la cuisine / vaisselle / lessive.
		ne fait rien pour aider à la maison.
Je pense que Pour moi, À mon avis,	c'est juste.	
	ce n'est pas juste.	

4 Lis les textes et traduis les mots en gras en anglais.

Beside each word, note how you worked out its meaning:

a I know it.
b It's a cognate.
c I used grammatical knowledge for help.
d I used context to work it out.
e I had to use the glossary.

Ils vivent autrement…

Dans ce village **flottant** au Viêtnam, les enfants se lèvent et s'habillent pour l'école mais ils doivent aller à l'école en bateau. Ici, on doit **apprendre** à nager quand on est très petit. On doit **attraper** des poissons après l'école, quand il fait beau et quand il pleut. Il y a une **épicerie** et même une **station-service** ici mais on ne doit pas **polluer** l'eau. Le tourisme est important et on doit **protéger** l'environnement.

Beaucoup d'enfants habitent dans ce **camp de réfugiés** au Liban. Tous les jours ils doivent aller **chercher** de l'eau. Il n'y a pas beaucoup à manger mais au petit déjeuner on prend des **dattes** ou des olives. Pendant la journée les enfants vont à l'école. La **nuit**, on ne doit pas faire trop de **bruit** dans les tentes.

Always use the strategies you have learned first, <u>before</u> you think about looking a word up. The more you use your brain to puzzle out what words might mean, the better you will become at doing this.

5 Traduis les phrases en français.

1 We must wash the car. ←——— Use the correct part of *devoir*. You can use '*on*' or '*nous*' here.
2 I must not feed the animals.
3 He must not go to town by boat.
4 We must do the washing-up every day.
5 They must protect the children.
6 You must not pollute the lakes and the forests.

Ma routine, ta routine

- Talking about daily routine
- Using reflexive verbs

Écoute et note l'activité en anglais et la bonne heure. (1–9)

Je me lève.

Je prends le petit déjeuner.

Je me douche.

Je me coiffe.

Je m'habille.

Je me lave les dents.

Je quitte la maison.

Je me lave.

Je me couche.

Écoute les conversations et réponds aux questions pour Amandine et Jakob.

Exemple: Amandine: 1 b, 2 …

1 À quelle heure est-ce que tu te lèves?
Je me lève à … **a** 6h. **b** 7h30. **c** 8h15.

2 Est-ce que tu te douches?
a Je me lave au lavabo. **b** Je me douche.

3 Où est-ce que tu prends le petit déjeuner?
Je prends le petit déjeuner …
a dans la cuisine. **b** dans le salon. **c** au collège.

4 À quelle heure est-ce que tu te couches?
Je me couche à … **a** 21h. **b** 22h30. **c** 24h00.

En groupe. Sondage. Pose les questions de l'exercice 2 à tes copains. Réponds à ton tour.

Reflexive verbs have a **reflexive pronoun** before the verb. The infinitive has the pronoun **se** in front of it.

se laver	to have a wash
*je **me** lave*	I have a wash
*tu **te** laves*	you have a wash
*il/elle **se** lave*	he/she has a wash
*on **se** lave*	we have a wash
*nous **nous** lavons*	we have a wash
*vous **vous** lavez*	you have a wash
*ils/elles **se** lavent*	they have a wash

me**, **te and ***se*** change to ***m'**, **t'*** or ***s'*** before a vowel or *h*:

*il **s'**habille* he gets dressed

The reflexive pronoun translates literally as 'myself', 'yourself', 'himself', 'herself', etc.

Look in the glossary. How many reflexive verbs can you find?

Page 98

4 Écris <u>quatre</u> phrases sur <u>deux</u> personnes de ton groupe. Utilise les réponses de l'exercice 3.

Exemple: **Katie se** lèv**e** à 7h45. Elle **se** douch**e**. Elle …

> Reflexive verbs always need a reflexive pronoun like **se**.
> But ordinary verbs (like **prendre**) don't.

5 Lis l'article. Copie et complète les phrases en anglais.

La routine d'une scientifique en Antarctique

Rachel Dubois, scientifique, a 22 ans. Elle habite sur la base Dumont d'Urville en Antarctique **parce qu'**elle travaille pour l'Institut polaire français.

Le matin, elle se lève à six heures. **Ensuite** elle se douche très rapidement: elle se lave et **puis** elle se rince en 30 secondes parce que l'eau est une ressource précieuse. **Après**, elle prépare son petit déjeuner dans la cuisine.

Quand elle s'habille, elle met une salopette et un gros anorak parce qu'il fait extrêmement froid: –35 degrés en hiver. **Pendant la journée**, elle travaille comme météorologue: elle observe le temps.

Le soir en semaine et **le weekend**, Rachel et ses collègues regardent des films **ou** ils lisent dans la bibliothèque. **D'habitude**, ils se couchent assez tôt. Mais **parfois** ils se lèvent pendant la nuit à 2h. Pourquoi? On peut voir l'aurore polaire qui illumine le ciel: c'est magique.

1 Rachel works at the French Polar Institute in …
2 There is not much water, so Rachel …
3 Rachel dresses in ski wear because …
4 Her job is …

5 In the evening and at weekends, Rachel and her colleagues …
6 Usually it is quite early when they …
7 Sometimes the Southern Lights are visible so they …

6 Relis le texte et traduis les mots en gras en anglais.

7 Écoute Luc. Écris des notes en anglais sur:

a la routine **en semaine** de Luc
b la routine de Luc **le weekend**.

> When taking notes while listening, you can't write down <u>everything</u>: focus on the key information. Before you start, think about:
> • how the task is divided up (listen for the key words *en semaine* and *le weekend*)
> • which <u>verbs</u> you are likely to hear (reflexives, free time activities?)
> • what <u>extra information</u> you might hear (times, places, other people?).

8 Écris une description de <u>ta</u> routine en semaine et le weekend. Utilise:

• <u>connectives</u> such as *parce que, quand, ou*
• <u>sequencers</u> such as *puis, ensuite, après*
• <u>frequency expressions</u> such as *d'habitude, parfois*
• <u>time phrases</u> such as *en semaine, le weekend, le matin, pendant la journée, le soir*.

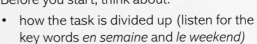

D'habitude en semaine, je me lève à sept heures et quart. Ensuite, je …

Mais le weekend, je …

J'ai déménagé!

- Talking about moving house
- Using irregular adjectives
  (*beau*, *nouveau* and *vieux*)

1 Écoute et lis les phrases. Identifie la bonne image. (1–8)

1 J'ai déménagé à la campagne.	**5** Le village est très vieux.
2 Voici la nouvelle maison.	**6** Dans le village, il y a de vieilles maisons.
3 Il y a un beau jardin.	**7** Voici mon nouveau collège.
4 Il y a aussi une belle cuisine.	**8** Et mes nouveaux copains!

2 Copie et complète les phrases avec la bonne forme de l'adjectif en français. Lis les phrases à haute voix, puis écoute et vérifie.

1 J'ai déménagé! Nous avons un ▨▨▨ appartement. **(new)**

2 Il y a un ▨▨▨ salon et trois ▨▨▨ chambres. **(beautiful)**

3 Mon ▨▨▨ collège est assez ▨▨▨ . **(new, old)**

4 Il y a une ▨▨▨ cantine mais le gymnase est ▨▨▨ . **(old, beautiful)**

5 J'ai déjà beaucoup de ▨▨▨ copains et j'ai une ▨▨▨ petite amie. **(new)**

3 Traduis les phrases en français.

1 We have a new house.
2 I have a beautiful bedroom.
3 The town is very old.
4 There are two beautiful parks.
5 My new friend Max lives in an old flat.

G Most adjectives in French come <u>after</u> the noun. But these three irregular adjectives come <u>before</u> the noun:

	masculine	feminine	m. plural	f. plural
beautiful	*beau*	*belle*	*beau**x***	*belle**s***
new	*nouveau*	*nouvelle*	*nouveau**x***	*nouvelle**s***
old	*vieux*	*vieille*	*vieux*	*vieille**s***

*une **belle** cuisine*   *de **vieilles** maisons*

- Before a masculine noun starting with a vowel or silent *h*, *bel* / *nouvel* / *vieil* are used: *un **bel** appartement*.

- *des* changes to *de* before a plural adjective and noun: *de nouveaux copains*.

Page 99

Practise reading the adjectives in the grammar box. *x* and *s* are silent, so:

- the masculine singular and plural forms sound the same: ***beau*** / ***beaux***.

- the feminine singular and plural forms sound the same: ***nouvelle*** / ***nouvelles***.

ll sounds like the English sound 'l' in *bel**l**e* / *nouve**ll**e* but like the English sound 'y' in *viei**ll**e*.

4 Lis le rap à haute voix. Copie et complète le rap avec le mot qui rime. Puis écoute et vérifie.

Nico

> On a déménagé,
> C'était une bonne _____
> Car la maison est belle,
> La cuisine est _____,
> Le salon est très beau,
> Il y a un _____,
>
> Le village est très vieux,
> Les voisins sont _____.
> C'est très joli ici,
> Et c'est plus calme qu'à _____.
> Mais le problème pour moi,
> C'est de vivre sans _____ …

nouvelle   Paris   toi

bureau   merveilleux   idée

5 Lis le blog et décide si chaque phrase est vraie (V) ou fausse (F).

La Vie de Nico: Blog d'un ado à la campagne …

Salut les mecs! J'ai déménagé à la campagne! La nouvelle maison est assez moderne. Là où j'habite maintenant, c'est trop tranquille. Il y a plein de vieilles maisons et beaucoup de forêts. Mais je ne m'intéresse pas à ça, moi.

Le weekend dernier, je suis allé en ville avec deux nouveaux copains. On doit prendre le bus et puis le train – ouf! Nous avons dépensé plein d'argent au centre commercial … j'ai acheté un beau cadeau d'anniversaire pour ma petite copine.

J'aime la campagne mais je préfère les grandes villes parce que c'est vraiment animé et qu'on peut faire beaucoup de choses. En plus, je ne peux pas voir ma petite copine tous les jours parce qu'elle habite à Paris et elle me manque beaucoup …

1 Nico habite à la campagne.
2 La famille de Nico a une vieille maison.
3 Nico aime les forêts.
4 Le weekend dernier, il a pris le bus et le train.
5 Il a fait du shopping avec sa petite copine.
6 Nico préfère habiter à Paris.

6 Relis le texte. Trouve et note en français les verbes:

a au présent (e.g. *la nouvelle maison est*, *j'habite*, …)
b au passé (e.g. *j'ai déménagé*, *je suis allé*, …)

7 Écoute la conversation et réponds aux questions en français.

1 Quand est-ce que tu as déménagé?
2 Elle est comment, ta nouvelle maison?
3 Qu'est-ce qu'on peut faire là où tu habites?
4 Qu'est-ce que tu as fait samedi dernier?

8 En tandem. Tu as déménagé. Prépare une conversation. Utilise les questions de l'exercice 7.

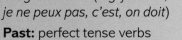

When you are talking about different time frames (e.g. present and past), look for:

Present: conjugated regular and irregular verbs (e.g. *j'habite, je ne peux pas, c'est, on doit*)

Past: perfect tense verbs (*avoir / être* + past participle).

À la découverte d'une nouvelle région

- Using three tenses in writing
- Using resources to find and translate nouns into French

Écouter 1

Écoute et lis le blog de Thomas. Puis choisis la bonne fin pour chaque phrase.

Coucou! Je suis en vacances en Corse, une île dans la mer Méditerranée. Il y a beaucoup de montagnes et plein de plages. C'est très joli et on peut prendre des photos très cool.

Il y a du soleil tous les jours. Je me lève à neuf heures et je prends le petit déjeuner dans le jardin. Pendant la journée on va à la plage. L'après-midi, on doit faire la sieste parce qu'il fait vraiment chaud.

Ce dimanche nous allons explorer les montagnes. Nous allons faire une randonnée et puis nous allons faire un pique-nique au sommet. Je vais aussi nager dans le lac.

Dimanche dernier je suis allé à Ajaccio, la capitale de la Corse. Le matin nous avons visité la maison Bonaparte. C'était assez intéressant. L'après-midi, j'ai acheté des souvenirs et le soir on a mangé au restaurant.

1 Thomas est … **a** dans une grande ville **b** sur une île **c** dans le désert.

2 La Corse est très … **a** belle **b** vieille **c** moderne.

3 Il fait très … **a** froid **b** beau **c** mauvais.

4 L'après-midi, on doit … **a** nager **b** dormir **c** manger.

5 Le weekend dernier, Thomas a visité … **a** la ville **b** la plage **c** les montagnes.

6 Ce weekend, il va manger …
a au restaurant **b** à la montagne **c** au centre commercial.

TRAPS

R: Reflect, don't **R**ush. The correct answer will often be a summary of the details in the text.

A: Alternative words might be used in the questions to express the same idea as the texts.

Lire 2

Relis le texte de l'exercice 1 et les questions ici. Puis écris les réponses de Thomas.

Exemple: **1** Je suis en Corse.

1 Où est-ce que tu es en vacances?

2 La Corse, elle est comment?

3 Quel temps fait-il en Corse?

4 À quelle heure est-ce que tu te lèves?

5 Où est-ce que tu prends le petit déjeuner?

6 Qu'est-ce qu'on doit faire l'après-midi?

7 Qu'est-ce que tu as fait le weekend dernier?

8 Qu'est-ce que tu vas faire ce weekend?

G

When you are using three different time frames (present, past and future), pay special attention to your verbs:

Present: *je suis, on peut, c'est, …*

Past: *je suis allé, on a mangé, …*

Future: use the near future tense (*aller* + infinitive): *je vais nager, on va faire.*

Look for examples of verbs in the present, past and future tenses in the text in exercise 1.

3 Écoute et note si la question et la réponse sont au présent (Pr), au passé (Pa) ou au futur (F). (1–6)

4 **Lis les phrases. Cherche les mots en gras dans le dictionnaire ou en ligne. Puis complète les phrases en français. Fais attention aux mots soulignés.**

1 Je suis en vacances chez (my **godmother**).
2 Elle habite sur (a **barge**) à Ajaccio.
3 À Ajaccio il y a (a **lighthouse**).
4 Le weekend dernier, j'ai acheté (some **honey**).
5 Le weekend prochain, on va visiter (the **harbour**).

5 **Use a dictionary or online dictionary to find some new nouns. Note them down with the definite article to show their gender. Find:**

a two things you might find in an interesting town
b three things you could buy as souvenirs.

6 **Tu es en vacances en Suisse. Réponds aux questions pour construire un blog sur ta visite. Utilise le texte de l'exercice 1 et ton nouveau vocabulaire de l'exercice 5.**

1 Où est-ce que tu es en vacances?
2 La région, elle est comment?
3 Qu'est-ce qu'on peut faire ici?
4 Quel temps fait-il?
5 À quelle heure est-ce que tu te lèves?
6 Qu'est-ce que tu fais pendant la journée?
7 Qu'est-ce que tu as fait le weekend dernier? C'était comment?
8 Qu'est-ce que tu vas faire le weekend prochain?

When you have finished your blog, swap with your partner and ask him/her to check that your verbs in the three tenses are correct.

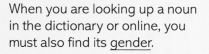

When you are looking up a noun in the dictionary or online, you must also find its gender.

marraine *f* ← *f* means **feminine**

To look up a noun online, use an online dictionary rather than a translator. You will be able to find the gender.

noun **la** marraine ← *la* tells you the noun is **feminine**

You can then use the noun correctly and translate small words like 'a', 'my' and 'some' accurately.

marraine is feminine, so the correct word for 'my' is *ma* (not *mon* or *mes*).

Bilan

P

I can ...
- say what type of place I live in .... *J'habite dans un village / une grande ville.*
- say where it is .... *C'est à la campagne en France.*
- say what it is like .... *C'est animé / tranquille.*
- say what the weather is like .... *Il fait beau. Il y a du brouillard.*

1

I can ...
- describe a place in more detail .... *Il y a plein de forêts. Il y a peu de voitures.*
- say what you can do in a place .... *On peut visiter des grottes / faire du ski.*
- use expressions with *de* .... *beaucoup de, trop de*
- use the verb *pouvoir* .... *je **peux**, on **peut**, nous **pouvons** ...*

2

I can ...
- talk about jobs at home .... *Je dois ranger ma chambre. Mon frère doit faire la vaisselle.*
- listen for different persons of the verb .... *je dois ..., on doit ..., il doit ...*
- decode words while reading .... *village **flottant**, on doit **apprendre***
- use the verb *devoir* .... *je **dois**, tu **dois**, il/elle **doit**, nous **devons** ...*

3

I can ...
- talk about daily routine .... *je me lève, je m'habille, je me couche*
- talk about the time .... *Je me lève à 6h30.*
- use **reflexive verbs** .... *tu **te laves**, elle **se lave**, nous **nous lavons***

4

I can ...
- talk about moving house .... *J'ai déménagé. Voici mon nouveau collège.*
- use the adjectives *beau*, *nouveau* and *vieux* .... *un **vieux** village, ma **nouvelle** maison*
- talk about the present and past .... *j'habite, c'est, j'ai mangé, ...*

5

I can ...
- talk about a visit to a new area .... *Il fait chaud ici. On a mangé au restaurant.*
- use resources to find and translate nouns into French
- use three tenses in my writing .... *je suis, j'ai acheté, je vais nager*
- understand questions in different tenses .... *Qu'est-ce que tu fais / as fait / vas faire?*

Révisions

1 Translate into English where these people live.

> **1** un petit village à la montagne
>
> **2** une ville dans le désert
>
> **3** une grande ville au bord de la mer
>
> **4** un vieux village à la campagne
>
> **5** une ville sur une île tranquille

2 Say the sentences in the order you do them on a typical day. Add the time at which you do each activity.

Je me lave les dents.   Je me lave.   Je me couche.

Je prends le petit déjeuner.   Je me lève.   Je m'habille.

3 In pairs. Use the grid to say a sentence in French, focusing on correct pronunciation. Your partner translates it into English. How many different sentences can you say in one minute?

Il y a	trop de/d'	forêts	maisons
	plein de/d'	lacs	magasins
	beaucoup de/d'	bâtiments	appartements
	peu de/d'	voitures	champs

4 Read the text aloud. Complete each sentence with a weather word which rhymes with each town.

> À Blois, il fait **1** . À Liège, il **2** . À Bayeux, il **3** . À Beauvais, il fait **4** . À Rouen, il y a du **5** . À Pau, il fait **6** . À Montbéliard il y a du **7** . À Maurage, il y a des **8** . À Marseille, il y a du **9** .

5 Read and translate the jobs at home. Which do you do?

1 Je dois ranger ma chambre.   **4** Je dois laver la voiture.

2 Je dois garder mon petit frère.   **5** Je dois faire la cuisine.

3 Je dois rapporter l'eau.   **6** Je dois nourrir le chien.

6 Translate the verb phrases into French.

> **1** I have a wash
>
> **2** we go to bed
>
> **3** you (*tu*) get up
>
> **4** she has a shower
>
> **5** they get dressed

7 Read each question aloud and complete it with *aujourd'hui* (present), *l'été prochain* (future) or *l'été dernier* (past). Then answer the questions in French.

1 Qu'est-ce que tu as fait …?   **3** Quel temps fait-il …?   **5** Où est-ce que tu es allé …?

2 Où est-ce que tu vas aller …?   **4** Qu'est-ce que tu fais …?   **6** Qu'est-ce que tu vas faire …?

En focus

Écoute. Copie et complète le tableau en anglais. (1–4)

	has moved to …	😀 reasons	😟 reasons
1			

Écoute et choisis la bonne réponse. (1–6)

1 Élodie est en …
  a France. **b** vacances.

2 C'est très …
  a joli. **b** animé.

3 À 9h, on doit …
  a se lever. **b** prendre le train.

4 On peut …
  a voir les monuments historiques. **b** faire du sport.

5 Hier, Élodie a fait …
  a un pique-nique. **b** les magasins.

6 Demain, Élodie va …
  a rester à la maison. **b** voir un film.

Use your **TRAPS** skills to help with exercise 2.

Tenses: Listen for tenses to help you choose the right answer in questions 5 and 6.

Reflect, don't **R**ush: Some of the options on the page might summarise what you hear. Make sure you understand them.

Alternative words: What you hear and what is on the page might be expressed differently.

En tandem. Jeu de rôle. Prépare tes réponses.

When *tu* is used in the scenario, you need to use *tu* in the role play.

Watch your reflexive verb: I get up at …

! means you have to <u>answer</u> an <u>unexpected</u> question. Think about what the question might be.

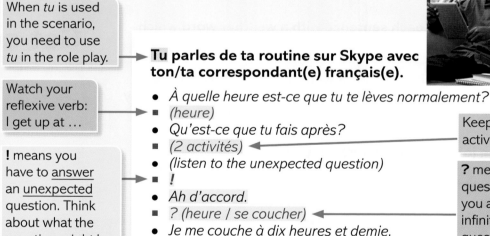

Tu parles de ta routine sur Skype avec ton/ta correspondant(e) français(e).

- *À quelle heure est-ce que tu te lèves normalement?*
- ▪ *(heure)*
- *Qu'est-ce que tu fais après?*
- ▪ *(2 activités)*
- *(listen to the unexpected question)*
- ▪ *!*
- *Ah d'accord.*
- ▪ *? (heure / se coucher)*
- *Je me couche à dix heures et demie.*

Keep it simple: choose two activities you <u>know</u> are correct.

? means <u>you</u> have to <u>ask</u> a question. What question should you ask here? You are given an infinitive: but you need to form a question with <u>tu</u>. Use the question in the first bullet to help you.

Écoute et fais le jeu de rôle trois fois. (1–3)

Each time, you will hear a different unexpected question. Be sure to answer with a full sentence.

En tandem. Prépare tes réponses aux questions. Puis réponds aux questions.

1 Qu'est-ce qu'on peut faire dans ton village/ta ville?
2 Qu'est-ce que tu as fait récemment dans ta région?
3 Qu'est-ce que tu vas faire ce weekend?

6 Parler — Description d'une photo. Regarde la photo et prépare tes réponses aux questions. Puis réponds aux questions.

- *Qu'est-ce qu'il y a sur la photo?*
  - *Sur la photo, il y a …*
- *Quel temps fait-il chez toi en été?*
  - *Normalement, en été, il …*
- *Qu'est-ce que tu as fait l'été dernier?*
  - *L'été dernier, je suis allé(e) …*

7 Lire — Lis le poème et mets les images dans le bon ordre.

L'éléphanteau se douche, se douche

Sa trompe arrose comme la pluie.

L'éléphanteau se mouche, se mouche

Et il fait beaucoup de bruit.

L'éléphanteau ouvre la bouche

Car il veut aller au lit.

L'éléphanteau se couche, se couche

À huit heures toutes les nuits.

8 Lire — Lis les phrases et complète les traductions en anglais.

1 Ahmed est un **jeune** réfugié qui est arrivé au Royaume-Uni à l'âge de 15 ans caché dans **un camion**.
2 Il habite maintenant avec sa **famille d'accueil** dans une ville en Angleterre.
3 Après ses expériences de **la guerre** en Syrie, c'est un **endroit** calme et tranquille pour Ahmed.

1 Ahmed is a ▓▓▓▓ refugee who arrived in the UK at the age of 15 hidden in ▓▓▓▓.
2 He now lives with his ▓▓▓▓ in a town in England.
3 After his experiences of ▓▓▓▓ in Syria, it's a calm and peaceful ▓▓▓▓ for Ahmed.

> This task includes words you haven't met before. Use your reading strategies to work out what they might mean.

9 Écrire — Écris un blog sur ta vie de tous les jours. Réponds aux questions.

- Comment est ta routine en semaine?
- Qu'est-ce que tu fais dans ta ville/ton village le weekend?
- Est-ce que tu as visité une autre ville ou région récemment?
- Tu vas déménager l'année prochaine! Qu'est-ce que tu vas faire dans ta nouvelle ville/ton nouveau village?

Je me lève à … Puis je me lave …
Je joue …, je vais …, je fais …
Récemment j'ai visité … J'ai regardé … J'ai fait …
Dans ma nouvelle ville, je vais visiter …

1 Regarde le tableau de Paul Gauguin et choisis les bons mots (en gras) pour compléter chaque phrase.

1 Ce tableau représente une scène de **ville** / **campagne**.
2 On peut voir **un petit village** / **une grande ville**.
3 Il fait **beau** / **mauvais** et le ciel est **gris** / **bleu** foncé.
4 Au premier plan il y a **des gens et un animal** / **une plage**.
5 Au fond du tableau il y a **une petite maison** / **des montagnes**.

> **au premier plan**   in the foreground

2 Écoute la présentation sur le tableau de Robert Delaunay. Copie et complète le texte en français.

> Ce tableau représente une scène de ___1___. On peut voir des maisons dans une grande ville. Il fait ___2___ et le ciel est bleu. Au premier plan, il y a la tour ___3___. Au fond du tableau, il y a des bâtiments. Sur ce tableau, les couleurs sont ___4___ mais sombres aussi. Quand je regarde le tableau, je me sens ___5___ et un peu mal à l'aise. Cependant, j'aime le tableau parce que j'aime les ___6___ et la technique de l'artiste.

'Rue de Tahiti' by Paul Gauguin

3 En tandem. Discutez des deux tableaux (exercices 1 et 2). Utilisez la grille.

Sur ce tableau, les couleurs sont	froides / sombres / neutres / claires / chaudes / lumineuses.	
Quand je regarde le tableau, je me sens	triste / mal à l'aise / ému(e) / surpris(e) / calme / content(e).	
J'aime beaucoup Je n'aime pas tellement Je déteste	le tableau parce que	j'aime / je n'aime pas — le sujet. / les couleurs. / le thème. / le symbolisme. / la technique de l'artiste.
Tu es d'accord?		
Oui, je suis d'accord. / Non, je ne suis pas d'accord. À mon avis …		

'La tour rouge' by Robert Delaunay

'Sur la plage de Trouville' by Claude Monet

4 Prépare une présentation sur ce tableau de Claude Monet ou sur un tableau français de ton choix.

Parler 5 En tandem. Jeu de mémoire.

- Player 1: Study card A for 15 seconds. Then close the book.
- Player 2: Using the box at the bottom of the page for help, ask a question about card A. If Player 1 answers it correctly, he/she scores a point.
- Player 2: Study card B for 15 seconds. Then close the book.
- Player 1: Ask a question about card B.
- The game continues in this way, alternating between the players and cards.

a

ville	Marseille
pays	France
spécialité	bouillabaisse
célébrité	Zidane (footballeur)
équipe sportive	Olympique de Marseille
à visiter	le Château d'If
connu pour …	le Vieux-Port

bouillabaisse

b

ville	Montréal
pays	Canada
spécialité	Poutine (frites et sauce fromage)
célébrité	Céline Dion (chanteuse)
équipe sportive	Canadiens de Montréal
à visiter	l'Expo Barbie
connu pour …	le festival de jazz

Céline Dion

c

ville	Bruxelles
pays	Belgique
spécialité	moules-frites
célébrité	René Magritte (peintre)
équipe sportive	RSC Anderlecht
à visiter	l'Atomium
connu pour …	le Parlement européen

le Parlement européen

d

ville	Dakar
pays	Sénégal
spécialité	poisson et riz
célébrité	MC Solaar (rappeur)
équipe sportive	AS Douanes
à visiter	la Maison des Esclaves
connu pour …	la musique

MC Solaar

e

ville	Paris
pays	France
spécialité	steak-frites
célébrité	Marion Cotillard (actrice)
équipe sportive	Paris Saint-Germain
à visiter	la tour Eiffel
connu pour …	l'amour

Paris Saint-Germain

f

ville	Fort-de-France
pays	Martinique
spécialité	cuisine créole
célébrité	Audrey Pulvar (journaliste)
équipe sportive	Club Colonial
à visiter	le Fort Saint-Louis
connu pour …	le sucre et le rhum

Fort-de-France

Dans quel pays est-ce qu'on trouve	Marseille	
Quelle est la spécialité de	Montréal	
Quelle célébrité vient de	Bruxelles	?
Quelle équipe sportive vient de	Dakar	
Qu'est-ce qu'on peut visiter à	Paris	
Pourquoi est-ce que	Fort-de-France	est connu(e)?

Use your knowledge of sound-spelling links to pronounce any new words correctly.

Grammaire

The verb *pouvoir* (Unit 1, page 83)

1 Translate the sentences into English.

1. Je peux répondre à la question.
2. Mes copains peuvent travailler en groupe.
3. On ne peut pas faire la question numéro 2.
4. Je ne peux pas traduire la phrase en anglais.
5. Est-ce que je peux aller aux toilettes?
6. Est-ce que nous pouvons travailler en tandem?

2 Copy and complete each sentence with part of *pouvoir*, then translate the sentences into English.

1. On _____ faire des randonnées ici.
2. Je _____ sortir ce soir.
3. Il ne _____ pas arriver à 9 heures.
4. Est-ce que nous _____ choisir un film?
5. Tu ne _____ pas aller au cinéma.
6. Est-ce que mes parents _____ venir aussi?

---

pouvoir (to be able to) is an irregular verb.

*je peu**x***
*tu peu**x***
*il/elle/on peu**t***
*nous p**ouvons***
*vous p**ouvez***
*ils/elles peu**vent***

You can translate ***pouvoir*** with 'can' in English.

On peut *cultiver du coton.*   **You can** grow cotton.

Je peux *aller en ville.*   **I can** go into town.

It is followed by the **infinitive**:

*Nous pouvons **visiter** des grottes.*
We can **visit** caves.

To make *pouvoir* negative, put ***ne … pas*** around it.

*On **ne** peut **pas** manger ici.*   You **can't eat** here.

The verb *devoir* (Unit 2, page 84)

3 Match each sentence to the correct picture.

1. On ne doit pas manger ici.
2. On doit prendre le bus.
3. On ne doit pas jouer au foot ici.
4. On doit se lever tôt.
5. On ne doit pas boire l'eau.
6. On doit respecter le silence.

---

devoir (to have to) is an irregular verb. You can translate it with 'must' in English.

*je doi**s***	I must
*tu doi**s***	you must
*il/elle/on doi**t***	he/she/we must
*nous d**evons***	we must
*vous d**evez***	you (plural or polite) must
*ils/elles doi**vent***	they must

devoir is a <u>modal verb</u> and is followed by an **infinitive**:

*Tu dois **écouter** la prof.*
You must **listen to** the teacher.

To make *devoir* sentences negative, put ***ne … pas*** around the modal verb:

*Tu **ne** dois **pas** parler.*   You must **not** speak.

---

4 Translate the English words into French, using the verb *devoir* and <u>an infinitive</u> each time.

1. (**I must**) (<u>do</u>) du sport tous les jours.
2. (**She must**) (<u>watch</u>) le match.
3. Est-ce que (**we must**) (<u>help</u>), maman?
4. (**I must not**) (<u>be</u>) impoli.
5. (**They must not**) (<u>drink</u>) d'alcool.

Reflexive verbs (Unit 3, page 86)

5 Match each reflexive verb infinitive with the correct English translation.

1 se coucher		**a**	to get up
2 se laver		**b**	to be called
3 se lever		**c**	to have a shave
4 s'habiller		**d**	to go to bed
5 s'appeler		**e**	to enjoy yourself
6 s'amuser		**f**	to get ready
7 se raser		**g**	to have a wash
8 se préparer		**h**	to get dressed

6 Translate the sentences into French.

1 I am getting dressed.
2 My sister is getting ready.
3 They go to bed at midnight.
4 We get up at 8 o'clock.
5 He is called Tom.
6 Are you enjoying yourself?

> Reflexive verbs have a <u>reflexive pronoun</u> before the verb. The infinitive has **se** in front of it.
>
> ***se coucher*** (to go to bed)
>
> *je **me** couche*
> *tu **te** couches*
> *il/elle/on **se** couche*
> *nous **nous** couchons*
> *vous **vous** couchez*
> *ils/elles **se** couchent*
>
>
> • verbs in the present tense have two meanings:
>
>   *je me couche* means '**I go** to bed' or '**I am going** to bed'
>
> • ***me***, ***te*** and ***se*** shorten to ***m'***, ***t'*** and ***s'*** before a vowel or *h*:
>
>   ***s'**habiller*   to get dressed
>   *je **m'**amuse*   I am enjoying myself
>
> • the reflexive pronoun <u>literally</u> means 'myself / yourself / ourselves', etc.

beau, *nouveau* and *vieux* (Unit 4, page 88)

7 Complete the sentences with the correct form of the adjective, then translate the sentences into English.

1 Je préfère mes (nouveau) copains. (m)
2 Je vais porter mes (vieux) chaussures. (f)
3 Il y a un (beau) château. (m)
4 J'ai deux (vieux) portables. (m)
5 Elle a une (nouveau) idée. (f)
6 C'est un (vieux) hôtel. (m)
7 Tu as pris trois (beau) photos! (f)
8 On habite dans un (beau) appartement. (m)

> These three irregular adjectives come before the noun:
>
> | | masculine | feminine | m. plural | f. plural |
> |---|---|---|---|---|
> | **beautiful** | *beau* | *belle* | *beaux* | *belles* |
> | **new** | *nouveau* | *nouvelle* | *nouveaux* | *nouvelles* |
> | **old** | *vieux* | *vieille* | *vieux* | *vieilles* |
>
> *une **nouvelle** jupe*   *deux **beaux** jardins publics*
>
> Before a masculine noun beginning with a vowel or *h*, ***bel / nouvel / vieil*** are used.
>
> *un **vieil** anorak*

8 Translate the description into French.

> In my new region there are lots of old towns, two beautiful forests, a beautiful lake, and three old castles. I like my new school and my new teachers are nice too.

Vocabulaire

Point de départ (pages 80–81)

Où habites-tu?	Where do you live?	Il fait froid.	It's cold.
J'habite …	I live …	Il y a du soleil.	It's sunny.
dans un village.	in a village.	Il y a du vent.	It's windy.
dans une ville.	in a town.	Il y a du brouillard.	It's foggy.
dans une grande ville.	in a city.	Il y a des orages.	It's stormy.
à la campagne.	in the country.	Il pleut.	It's raining. / It rains.
à la montagne.	in the mountains.	Il neige.	It's snowing. / It snows.
au bord de la mer.	at the seaside.	C'est comment en été /	What is it like in summer /
sur une île.	on an island.	hiver?	winter?
dans le désert.	in the desert.	C'est …	It's …
en France.	in France.	amusant	fun
en Suisse.	in Switzerland.	tranquille / calme	peaceful / quiet
au Maroc.	in Morocco.	ennuyeux / animé	boring / lively
aux Antilles.	in the French Caribbean.	nul /génial / joli	awful / great / pretty
Quel temps fait-il?	What's the weather like?	très	very
Il fait beau.	The weather's fine.	trop	too
Il fait mauvais.	The weather's bad.		
Il fait chaud.	It's hot.		

Unité 1 (pages 82–83) *Elle est comment, ta région?*

Dans ma région, il y a …	In my region, there is / are …	On peut …	You / People can …
un appartement	a flat	manger des crêpes.	eat pancakes.
un bâtiment	a building	visiter les monuments	visit historic monuments.
un champ	a field	historiques.	
un jardin public	a park	visiter des grottes.	visit caves.
un lac	a lake	aller au cinéma.	go to the cinema.
un magasin	a shop	aller à la plage.	go to the beach.
une forêt	a forest	aller en ville.	go to town.
une montagne	a mountain	faire les magasins.	go shopping.
une plage	a beach	faire du canoë-kayak.	go canoeing.
une rivière	a river	faire des randonnées.	go for walks.
un(e) touriste	a tourist	faire du ski.	go skiing.
beaucoup de	lots of	cultiver le coton	to grow cotton
plein de	plenty of	travailler dans les champs.	to work in the fields
peu de	little, not many	acheter des animaux	to buy animals
trop de	too much / too many	aller à l'école	to go to school
		vendre des légumes	to sell vegetables

Unité 2 (pages 84–85) *Qu'est-ce qu'on doit faire pour aider à la maison?*

On doit …	We / People must …	faire la cuisine.	do the cooking.
Je dois …	I must …	faire la vaisselle.	do the washing-up.
Ma sœur / Mon frère doit …	My sister / My brother must …	faire la lessive.	do the washing.
garder ma sœur.	look after my sister.	nourrir les animaux.	feed the animals.
garder mon frère.	look after my brother.	son frère / sa sœur	his/her brother / his/her sister
ranger ma chambre.	tidy my room.	On ne doit pas …	We / People must not …
rapporter l'eau.	collect the water.	polluer l'eau.	pollute the water.
laver la voiture.	wash the car.		

Unité 3 (pages 86–87) *Ma routine, ta routine*

Je me lève.	*I get up.*	Je me lave les dents.	*I clean my teeth.*
Je prends le petit déjeuner.	*I have breakfast.*	Je quitte la maison.	*I leave the house.*
Je me douche.	*I have a shower.*	Je me lave.	*I have a wash.*
Je me coiffe.	*I do my hair.*	Je me couche.	*I go to bed.*
Je m'habille.	*I get dressed.*		

Unité 4 (pages 88–89) *J'ai déménagé!*

j'ai déménagé	*I moved house*	une chambre	*a bedroom*
beau / belle / bel	*beautiful*	un collège	*a school*
nouveau / nouvelle / nouvel	*new*	un gymnase	*a gym*
vieux / vieille / vieil	*old*	une cantine	*a canteen*
un appartement	*a flat*	un copain / une copine	*a friend*
une maison	*a house*	un(e) voisin(e)	*a neighbour*
un salon	*a living-room*	un(e) petit(e) ami(e)	*a boyfriend/girlfriend*
un bureau	*an office*	vivre sans toi	*to live without you*
une cuisine	*a kitchen*		

Unité 5 (pages 90–91) *À la découverte d'une nouvelle région*

Où est-ce que tu es en vacances?	*Where are you on holiday?*	Qu'est-ce que tu fais pendant la journée?	*What do you do during the day?*
Je suis en Corse.	*I'm in Corsica.*	Je vais à la plage.	*I go to the beach.*
C'est comment?	*What is it like?*	Qu'est-ce qu'on doit faire l'après-midi?	*What must you do in the afternoon?*
C'est très joli.	*It's very pretty.*	On doit faire la sieste.	*You must take a siesta.*
À quelle heure est-ce que tu te lèves?	*What time do you get up?*	Quel temps fait-il?	*What's the weather like?*
Je me lève à …	*I get up at …*	Il fait chaud.	*It is hot.*
Où est-ce que tu prends le petit déjeuner?	*Where do you have your breakfast?*	Qu'est-ce que tu vas faire le weekend prochain?	*What are you going to do next weekend?*
Je prends le petit déjeuner dans le jardin.	*I have breakfast in the garden.*	Je vais faire un pique-nique.	*I am going to have a picnic.*
Qu'est-ce qu'on peut faire ici?	*What can you do here?*	Qu'est-ce que tu as fait le weekend dernier?	*What did you do last weekend?*
On peut faire des randonnées.	*You can go for walks.*	Je suis allé(e) …	*I went …*
		C'était comment?	*How was it?*
		C'était intéressant.	*It was interesting.*

Les mots essentiels *High-frequency words*

Time expressions

le matin	*in the morning(s)*
le soir	*in the evening(s)*
le weekend	*at the weekend*
pendant la journée	*during the day*
en semaine	*during the week*
d'habitude	*usually*

Sequencing words

ensuite / puis	*then*
après	*after(wards)*

Stratégie

Play your cards right

Make yourself a **set of little cards** to help you learn new vocabulary.

Think of an activity using your cards and share it with your class.

Le sport en direct

1 À ton avis, quels sont les sports qui manquent?

Le Top 10 des sports pratiqués en club en France

1
2 le tennis
3
4 le basket
5
6 le handball
7
8 le rugby
9
10

Handball is hugely popular in France and the French national team has won several Olympic gold medals. France's men's and women's handball teams have both also come top in the World Championships!

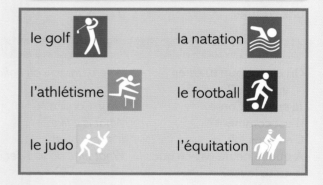

le golf   la natation

l'athlétisme   le football

le judo   l'équitation

2 Écoute et vérifie. (1–10)

3 Regarde l'infographie et complète les chiffres.

Pourquoi est-ce que les jeunes font du sport?

95%	87%	86%	84%	81%	80%
C'est bon pour la santé.	pour l'apparence physique	pour le plaisir	pour se défouler	pour se relaxer	C'est amusant.

1 Relaxation – 81%
2 Having fun – ?
3 Stress relief – ?

4 Health – ?
5 Pleasure – ?
6 Physical appearance – ?

la santé	*health*
se défouler	*to unwind, de-stress*

4 C'est quelle personnalité sportive francophone?

1 Elle a gagné le championnat de Wimbledon en 2013.
2 Il a marqué un but dans la finale de la Coupe du Monde de 2018 – et la France a gagné!
3 Elle a gagné deux médailles d'or aux Jeux Olympiques de 1996.
4 Il a gagné un total de neuf médailles d'or aux Jeux paralympiques entre 2000 et 2012.

marquer un but *to score a goal*

Kylian Mbappé, footballeur français

Marie-José Pérec, athlète guadeloupéenne

Benoît Huot, nageur québécois

Marion Bartoli, joueuse de tennis française

5 Lis la publicité et choisis la bonne réponse (a ou b).

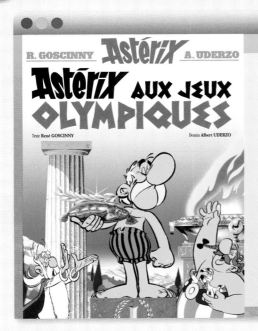

- **Regardez Astérix aux Jeux Olympiques en streaming!**
- **Film français inspiré de la bande dessinée de René Goscinny et Albert Uderzo.**
- **Troisième de quatre aventures cinématographiques d'Astérix et Obélix.**
- **Acteurs principaux:**
  Clovis Cornillac: Astérix
  Gérard Depardieu: Obélix

1 *Astérix aux Jeux Olympiques* est …
   a une émission de sports.
   b un film et une bande dessinée.

2 Au total, il y a …
   a trois films.
   b quatre films des aventures d'Astérix et Obélix.

3 L'acteur qui joue le rôle d'Obélix s'appelle …
   a Gérard Depardieu.
   b René Goscinny.

Point de départ

• Talking about sports
• Using *jouer à* and *faire de*

1 Écoute et lis. Trouve dans le texte <u>trois</u> sports avec *jouer* et <u>sept</u> sports avec *faire*. Puis traduis en anglais les six phrases <u>soulignées</u>.

Qu'est-ce qu'on peut faire comme sports dans ta ville ou ton village?

1 J'habite à Bordeaux et ici, <u>il y a beaucoup de possibilités sportives</u>! Il y a un grand centre sportif, où on peut jouer au basket ou jouer au handball. Il y a aussi <u>une salle de fitness</u> où je peux faire de la musculation, alors c'est génial!

2 Dans mon village en Bretagne, <u>il y a peu de possibilités sportives</u>. Cependant, on peut faire du footing et moi, <u>j'adore courir</u>! On peut aussi faire de l'équitation et c'est vraiment sympa de faire du cheval à la campagne.

3 J'habite au bord de la mer en Corse où <u>on peut faire plein de sports</u>! Je peux jouer au volleyball sur la plage, ou nager dans la mer. J'aime bien faire de la natation, mais on peut aussi faire de la voile ou de la planche à voile et j'adore <u>les sports nautiques</u>!

⭐ There are three pairs of sporting synonyms in exercise 1. For example, *faire du footing* (to go jogging) and *courir* (to run). Can you find two more pairs of sporting synonyms in the text?

G
• Use *jouer à* + definite article with sports you <u>play</u>.
• Use *faire de* + definite article with sports you <u>do</u>.
• *à* and *de* change when used with the definite articles *le* and *les*:

	masculine singular	feminine singular	before a vowel	plural
On peut jouer …	*au* tennis	*à la* pétanque		*aux* boules
On peut faire …	*du* footing	*de la* danse	*de l'*équitation	*des* arts martiaux

2 En tandem. Tu dis un sport. Ton/Ta camarade fait une phrase. Il faut utiliser *jouer à* ou *faire de*?

• *Le judo.*
■ *On peut <u>faire du judo</u>. La pétanque.*
• *On peut <u>jouer à la pétanque</u>.*

Page 122 ▶

Remember, cognates are usually pronounced differently in French.

Be careful with these sounds:

(maths): *l'athlétisme*

la natation, la musculation, l'équitation

le basket	la danse
le billard	la gymnastique
le cyclisme/le vélo	la musculation
le foot(ball)	la natation
le footing	la pétanque
le handball	la voile
le hockey	la planche à voile
le judo	l'athlétisme
le patin à glace	l'équitation
le rugby	
le ski	
le tennis	les arts martiaux
le tennis de table/le ping-pong	les boules
le volleyball	

3 En tandem. Parle de ta ville/ton village.

- *Qu'est-ce qu'on peut faire comme sports, dans ta ville/ton village?*
- *Dans ma ville/mon village, il y a beaucoup de/peu de/plein de …*
  On peut jouer …, on peut faire …

4 Écoute et écris des notes en anglais. (1–4)

a which sports they can do where they live
b which sport(s) they play / do
c how often they do it / them

parfois
souvent
tout le temps
tous les jours / weekends / jeudis
une / deux fois par semaine

- Look at page 136 to refresh your memory of the verbs *jouer* and *faire*.
- Remember TRA**P**S! **P** = **P**ositive or negative. Some speakers mention what they <u>don't</u> do, so listen out for negatives and don't get caught out by them!

5 Lis et traduis le texte en anglais.

Je suis méga-fan des arts martiaux. Je suis membre d'un club de judo et je m'entraîne trois fois par semaine.

Mon héros sportif est Teddy Riner. Il a gagné une médaille d'or pour la France aux Jeux Olympiques de 2012 et de 2016. Il est vraiment génial!

Qui est ton héros sportif ou ton héroïne sportive?

s'entraîner to train

The French word for 'hundred' is *cent*.
The word for 'thousand' is *mille*.
In French, you say years like this:
1990 – *mille neuf cent quatre-vingt-dix*
2015 – *deux mille quinze*
You don't normally write years as words, but you need to be able to say them. How would you say the years in exercise 5?

6 Écoute. Qu'est-ce qu'ils ont gagné? Et quand? Écris des notes en anglais. (1–4)

1 Florent Manaudou (la natation)
2 Amélie Mauresmo (le tennis)
3 Zinedine Zidane (le football)
4 Martin Fourcade (le ski)

7 Écris un paragraphe. Mentionne les détails suivants:

- which sports you can do in your town or village
- which sports you do and how often you do them
- who your sporting hero is, what he/she has won and when.

Dans la ville où j'habite, il y a …,
On peut …

Je suis membre d'un club de … .
Je m'entraîne …. Je joue / fais …

Mon héros sportif /
Mon héroïne sportive est … .
Il/Elle a gagné …

Il/Elle a …	gagné	une médaille d'or	aux Jeux Olympiques de (2016).
		le championnat (de Wimbledon)	en (2018).
	marqué un but / (deux) buts	à la finale de la Coupe du Monde	

Plus ou moins?

- **Giving opinions about sports**
- **Using the comparative**

Écoute et lis. Choisis les bonnes réponses (a, b ou c) pour Lina et Omar. (1–5)

Jeu-test

Tu es sportif/sportive? Comment est-ce que tu trouves les sports suivants?

1 Je trouve le tennis …
- **a** très divertissant.
- **b** compliqué mais amusant.
- **c** trop fatigant.

2 Je trouve le rugby …
- **a** passionnant.
- **b** assez intéressant.
- **c** trop difficile.

3 Je trouve la pétanque …
- **a** trop facile.
- **b** très relaxante.
- **c** un peu ennuyeuse.

4 Je trouve la gymnastique …
- **a** divertissante.
- **b** fatigante mais intéressante.
- **c** trop compliquée.

5 Je trouve les arts martiaux …
- **a** difficiles mais amusants.
- **b** assez intéressants.
- **c** un peu violents.

> *trouver* (to find) is a regular –er verb.
> Make sure you know how it works in the present tense. You can use it to ask for and give opinions:
>
> *Comment est-ce que tu **trouves** le basket?*
> What do you think of basketball? (Literally: How do you find basketball?)
>
> *Je **trouve** le basket assez ennuyeux.*
> I find basketball quite boring.

Parler **2**

En tandem. Fais le jeu-test. Note la lettre de tes réponses et des réponses de ton/ta camarade.

- *Question numéro un: comment est-ce que tu trouves le tennis?*
- *Je trouve le tennis <u>trop fatigant</u>. Et toi?*
- *Moi, je trouve le tennis <u>compliqué mais amusant</u>.*

Remember, adjectives must agree with the noun they describe: **G**

masculine singular	feminine singular	masculine plural	feminine plural
*Je trouve **le** football …*	*Je trouve **la** natation …*	*Je trouve **les** arts martiaux …*	*Je trouve **les** boules …*
compliqué	*compliquée*	*compliqués*	*compliquées*
amusant	*amusante*	*amusants*	*amusantes*
ennuyeux	*ennuyeuse*	*ennuyeux*	*ennuyeuses*
facile	*facile*	*faciles*	*faciles*

Lire **3**

En tandem. Calcule ton score et lis les résultats. Tu es d'accord ou pas d'accord avec les résultats?

Résultats

Calcule ton score. a = 3 points, b = 2 points, c = 1 point.

13–15 points: Ouah! Quel sportif/Quelle sportive! Tu es vraiment accro au sport!

8–12 points: Bravo! Tu fais des efforts, même si parfois tu trouves le sport un peu difficile. Tu es assez sportif/sportive.

5–7 points: Admettons que tu n'es pas très sportif/sportive. Tu préfères les activités tranquilles. D'accord, mais attention à ta santé!

4 Listen and read. For each text, write down the sports in the order in which *Rémi le Rat* likes them, from most to least favourite.

a

Je fais beaucoup de sport! Je joue au foot, au rugby et au volleyball. À mon avis, le rugby est plus difficile que le foot, mais je trouve le foot moins amusant que le volleyball.

b

Au centre sportif, je fais du vélo et de la musculation, mais j'aime aussi nager. Pour moi, la natation est plus relaxante que le cyclisme. Cependant, je trouve le cyclisme moins ennuyeux que la musculation.

c

À la télé, j'adore regarder la Formule 1. À mon avis, la Formule 1 est plus passionnante que tous les autres sports. C'est hyper-cool et c'est mon sport préféré!

5 Écoute et note en anglais (a) les sports, et (b) les opinions. (1–5)

Exemple: 1 (a) horseriding, dancing
(b) horseriding more relaxing than dancing

6 Écris <u>cinq</u> phrases au comparatif. Donne ton opinion sur différents sports.

> À mon avis, le patin à glace est plus difficile que le ski.

7 En tandem. Fais une conversation avec ton/ta camarade.

- *Est-ce que tu préfères <u>le tennis</u> ou <u>le golf</u>?*
- ▪ *Je préfère <u>le tennis</u>. Pour moi, <u>le tennis</u> est <u>plus intéressant</u> que <u>le golf</u>! Tu es d'accord?*
- *<u>Non</u>, je <u>ne suis pas</u> d'accord. Pour moi, <u>le golf est plus intéressant que le tennis</u>!*

Remember to use liaison when *plus* or *moins* are followed by an adjective that begins with a vowel:

plu**s a**musant que … moin**s i**ntéressant que …

G

You use the comparative to compare two or more things:

- ***plus*** + adjective + ***que***   **more … than …**

*Le footing est **plus** fatigant **que** la natation.*
Jogging is **more** tiring **than** swimming.

- ***moins*** + adjective + ***que***   **less … than …**

*La danse est **moins** amusant**e** **que** le patin à glace.*
Dance is **less** fun **than** / not as fun as ice skating.

- The adjective must agree with the <u>first noun</u> mentioned.
- In English, we sometimes add *–er* to the adjective (e.g. faster, easier), but you cannot do this in French. You must use *plus* or *moins*.

Page 122

- Use different ways of giving your opinion:
  Je trouve le tennis facile.
  À mon avis / Pour moi le tennis est facile.
- Remember to make the adjective agree with the first noun.
- Check the gender of nouns that begin with a vowel: *l'athlétisme* (**m**); *l'équitation* (**f**).
- With plural nouns, use *sont* ('are') not *est* ('is'): *Les boules sont plus amusantes que le billard.* (Boules is more fun than snooker).

Pour aller au stade?

- Asking the way and giving directions
- Using the imperative

Écouter 1 Écoute et regarde le plan. Ils vont où? Écris les bonnes lettres. (1–6)

Vous visitez le village olympique?

Vous voulez un plan du village?

Téléchargez l'appli!

Vous cherchez des directions?

Demandez à Olly, l'assistant virtuel!

Pour aller au stade?

Pour aller au stade, tournez …

Tu es ici!

a les courts de tennis	**f** les magasins	**k** les toilettes
b le centre aquatique	**g** l'hôtel	**l** le stade
c le lac	**h** le restaurant self-service	**m** le parking
d la gare routière	**i** le bureau d'information	**n** le vélodrome
e la gare SNCF	**j** la piste d'athlétisme	**o** la salle de gymnastique

Parler 2 En tandem. Fais des mini-dialogues. Utilise les détails de la case et change les détails <u>soulignés</u>.

- <u>Le rugby</u> commence à <u>14h00</u>! On doit aller <u>au stade</u>.
- D'accord. Je vais utiliser l'appli. Olly! Pour aller <u>au stade</u>?

1 le rugby – 14h00
2 la voile – 10h30
3 l'athlétisme – 13h00
4 la gymnastique – 16h00
5 le cyclisme – 12h15
6 le tennis – 15h45

Remember, **à** + definite article + noun. **G**

	Pour aller …
(m. singular) **le**	**au** *lac?*
(f. singular) **la**	**à la** *gare?*
(vowel or h) **l'**	**à l'**hôtel?
(plural) **les**	**aux** *magasins?*

3 Écoute les directions et regarde le plan de l'exercice 1. Tu vas où? (1–5)

Allez tout droit.

Tournez à droite.

Tournez à gauche.

Prenez la première rue à droite.

Prenez la deuxième rue à gauche.

If 'second' is *deuxième*, can you work out how to say 'third', 'fourth', etc.?

A final consonant is usually silent, unless it is followed by *–e*. So what is the difference in pronunciation between *tout droit* and *à droite*?

4 Lis les messages et écris des notes en anglais.

a What is the problem? **b** Directions? **c** Uses *tu* or *vous*? Why?

Coucou, Lucile! Tu es à l'hôtel? J'ai oublié mon sweat rouge au café des Sports. Quel idiot! Tu peux aller le chercher pour moi, s'il te plaît? Mon match commence dans dix minutes! Pour aller au café, tourne à gauche, va tout droit et prends la deuxième rue à gauche. Le café est là-bas, près des courts de tennis. Merci! Tu es une super-copine! 😍

Bonjour, Monsieur.

On a trouvé votre passeport sur le parking. Votre passeport est maintenant au bureau des objets trouvés. Si vous êtes au stade olympique, tournez à droite, allez tout droit, puis prenez la première rue à gauche et continuez tout droit. Le bureau est en face de la piste d'athlétisme. Merci.

près de	near to
en face de	opposite
le bureau des objets trouvés	lost property office

5 Écoute. Copie et complète le tableau en anglais. (1–3)

going where?	what time?	directions?

G

You use the <u>imperative</u> to give instructions.

The *vous* form imperative is formed from the *vous* form of the verb, minus *vous*:

Vous **prenez** ➡ **Prenez** la première rue. (Take the first road.)

Vous **allez** ➡ **Allez** tout droit. (Go straight on.)

Vous **tournez** ➡ **Tournez** à gauche. (Turn left.)

The *tu* form imperative is formed from the *tu* form of the verb, minus *tu*:

Tu **prends** ➡ **Prends** … (Take …)

Note that *–er* verbs (and *aller*) lose the final *–s*:

Tu **vas** ➡ **Va** tout droit. (Go straight on.)

Tu **tournes** ➡ **Tourne** à gauche. (Turn left.)

Page 123

6 En tandem. Regarde les images et fais trois dialogues. Utilise le plan de l'exercice 1. Il faut utiliser 'tu' ou 'vous'?

- *Pardon. Pour aller <u>au centre aquatique</u>, s'il <u>vous</u> plaît?*
- *<u>Allez tout droit, tournez à …, puis prenez …</u>*

Qu'est-ce qu'il faut faire?

• Using *il faut* to say 'you must'
• Translating from French into English

1 Écoute et note le bon infinitif. (1–10)

Dix conseils pour être champion(ne)

Il faut … ✔

1 _____ dur.
2 _____ équilibré.
3 _____ beaucoup d'eau.
4 _____ de l'assurance.
5 _____ motivé(e) et déterminé(e).
6 _____ à la salle de fitness.
7 _____ huit heures par nuit.
8 _____ d'autres activités aussi.

Il ne faut pas … ✘

9 _____ de cigarettes.
10 _____ de drogue.

G

Il faut means 'it is necessary to' / 'you must'.

Il ne faut pas means 'you must not'.

It is followed by the infinitive:

Il faut manger équilibré.
You must eat healthily.

Il ne faut pas fumer.
You must not smoke.

After *il ne faut pas*, **un**, **une** and **des** become **de**:

Il ne faut pas consommer de drogue.
You must not take drugs.

Page 123

2 En tandem. Discute des <u>cinq</u> conseils les plus importants pour être champion(ne) de ces sports. (a–d)

- *À mon avis, pour la gymnastique, il faut travailler dur, il ne faut pas … Tu es d'accord?*
- *Oui / Non. Il faut …*

a	la gymnastique
b	la boxe
c	le vélo
d	le snowboard

3 Lis les textes, puis copie et complète les phrases en anglais.

Marie-Amélie le Fur est championne paralympique de saut en longueur et de 400 mètres. Pour être championne, comme Marie-Amélie, il faut s'entraîner neuf fois par semaine. Elle aime parler de handisport aux jeunes. Nous devons tous apprécier l'importance du handisport.

Florent Manaudou est champion olympique de natation. Tous les jours il doit nager et il doit aussi faire de la musculation. Mais il faut faire d'autres activités aussi. Florent adore jouer au handball et surfer sur la côte.

1 Marie-Amélie le Fur is …
2 To be a champion like her, you must …
3 She likes …
4 We must all …

5 Florent Manadou is …
6 Every day he must …
7 But it's also necessary to …
8 Florent loves …

4 Écoute. Copie et complète le tableau en français. (1–4)

	sport	Il faut … Il ne faut pas …	vêtements
1			

des bottes	*boots*
un maillot de bain	*swimsuit*

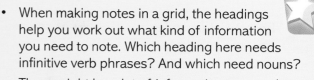

- When making notes in a grid, the headings help you work out what kind of information you need to note. Which heading here needs infinitive verb phrases? And which need nouns?
- There might be a lot of information to note down. Jot down what you can the first time you listen. Then fill in the gaps the second time.
- Remember the T**R**APS: **R**eflect, don't **R**ush! Listen to the end to make sure you've identified the correct information.

5 Écoute et lis les textes. Puis traduis en anglais les mots **en gras**.

A

Sur la photo il y a **des athlètes**. Elles participent à **une course** de 1 500 mètres sur **une piste d'athlétisme**. Elles portent un short et **un maillot de course**. Au fond il y a **des spectateurs**. Qui va **gagner**?

B

Sur la photo il y a **des joueurs de basket**. Ils jouent sur **un terrain de basket**. Ils portent un short et **un maillot de basket**. Le joueur numéro 14 a **le ballon** et **il marque un panier**. Bravo!

6 Complete the translation of text A from exercise 5.

In the photo, there are ▒▒▒▒▒. They ▒▒▒▒▒ in a 1,500m ▒▒▒▒▒ on an ▒▒▒▒▒. They ▒▒▒▒▒ shorts and a ▒▒▒▒▒. In the background there are some ▒▒▒▒▒. Who ▒▒▒▒▒?

- Use the reading strategies you have learned (e.g. cognates, context, grammar).
- You can translate present tense verbs in two ways. *Ils portent* means 'they **wear**' or 'they **are wearing**'. Which sounds right?
- Sometimes French words aren't translated literally. ***Sur** la photo* literally means '**on** the photo'. But you translate it here as 'in'.

7 Translate text B from exercise 5 into English, paying attention to:

- the verbs
- making sure your translation sounds right when you read it through in English.

8 Écris une description de la photo. Adapte la description de la photo B de l'exercice 5.

un but	*a goal*

Écoute et note les parties du corps mentionnées dans chaque routine. (1–5)

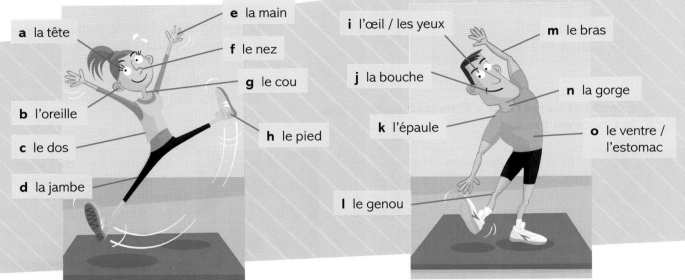

a la tête
b l'oreille
c le dos
d la jambe
e la main
f le nez
g le cou
h le pied
i l'œil / les yeux
j la bouche
k l'épaule
l le genou
m le bras
n la gorge
o le ventre / l'estomac

Lis les messages et note en anglais les problèmes de chaque athlète.

1 J'ai mal au bras et au genou. Je ne peux pas courir. Je vais rester à la maison.

2 Chef, j'ai mal au ventre et j'ai vomi toute la nuit. J'ai aussi un rhume. Désolé.

3 Désolée, j'ai mal à la gorge et à la tête. J'ai aussi de la fièvre. Je pense que j'ai la grippe.

4 Pendant le match je me suis blessé au pied, à la jambe et à la main. Pas d'entraînement pour moi ce soir.

J'ai mal à …	*I have (a) sore … / my … ache(s).*
J'ai mal **au** bras / **à la** jambe	*I have a sore arm / leg.*
J'ai mal **à l'**oreille / **aux** épaule**s**.	*I have earache / sore shoulders.*
Je me suis blessé(e) **au** dos.	*I've injured/hurt my back.*
J'ai un rhume.	*I have a cold.*
J'ai la grippe.	*I have the 'flu.*
J'ai de la fièvre.	*I have a temperature.*

Écoute les conversations chez le médecin de l'équipe. Copie et complète le tableau en français. (1–4)

a Il faut rester au lit.
b Il faut prendre des antidouleurs.
c Il faut boire beaucoup d'eau.
d Il faut pratiquer des exercices modérés.
e Il faut mettre un pansement.
f Il faut utiliser une crème.

	problèmes	depuis quand?	solution (a/b/c/d/e/f)
1			

Depuis means **for** or **since**.

depuis trois jours ➡ **for** three days   *depuis hier* ➡ **since** yesterday

You might hear *depuis* used with:

• an <u>amount of time</u>: *depuis 3 jours / une semaine / un mois / un an*

• a <u>time phrase</u>: *depuis hier / avant-hier / lundi dernier / la semaine dernière.*

4 En tandem. Lis la conversation à haute voix. Puis répète la conversation et remplace les détails soulignés par les détails donnés. (1–3)

- *Allô!*
- *Bonjour, docteur. C'est <u>Zara</u>.*
- *Ah bonjour <u>Zara</u>, vous allez bien?*
- *Ah non, ça ne va pas. <u>Je me suis blessée au pied</u> et <u>j'ai mal à la jambe</u>.*
- *Mmm … vous avez ces problèmes depuis quand?*
- *Depuis <u>deux jours</u>.*
- *D'accord. <u>Il faut prendre</u> des antidouleurs et <u>il faut utiliser une crème</u>.*
- *OK, docteur. Merci. À bientôt.*

1 sore knee and sore shoulders – for 3 days
advice: use a cream, put on a bandage

2 sore stomach, headache and temperature – since last weekend
advice: drink lots of water, stay in bed

3 hurt arm and sore hand – since last Tuesday
advice: take painkillers, do some gentle exercise

5 Écoute et lis le vlog. Puis copie et complète les phrases en anglais.

Vlog de LOU #1 LUNDI Je suis arrivée au village olympique à 2h! Il y a un beau centre aquatique où on peut faire de la natation. Il y a aussi un nouveau vélodrome pour les cyclistes et une belle piste d'athlétisme. Le stade est plus grand que le stade dans ma ville. Dans le village, il faut porter l'uniforme olympique. Nous devons aussi manger au restaurant self-service et ce soir j'ai retrouvé des athlètes du monde entier. C'est génial!

Vlog de LOU #2 MARDI Quel désastre! Ce matin je suis allée à la salle de fitness, mais je me suis blessée au genou et je ne peux pas courir! J'ai vu le médecin de l'équipe. Pour le moment, je dois prendre des antidouleurs et faire des exercices modérés. Je veux participer à ma course dans trois jours … croisez les doigts pour moi, les mecs!

Lou

VLOG #1

1 In the Olympic village, there is …
2 The stadium is …
3 In the village, the athletes must …
4 Lou met …

VLOG #2

5 This morning, Lou …
6 Her problem is that …
7 For the moment, she must …
8 Her race is in …

6 En tandem. Relis le vlog. Un(e) partenaire, Lou, répond aux questions (le livre fermé). L'autre partenaire pose les questions. Puis change de rôle.

1 Quand est-ce que tu es arrivée au village olympique?
2 Qu'est-ce qu'il y a dans le village?
3 Comment est-ce que tu trouves le stade?
4 Qu'est-ce qu'il faut porter?
5 Où est-ce qu'on doit manger?
6 Qu'est-ce que tu as fait mardi matin?
7 Quel est ton problème maintenant?
8 Qu'est-ce que tu dois faire?

7 Tu es athlète olympique. Prépare et enregistre un vlog sur deux jours au village olympique.

Day 1 • Say when you arrived and what the village is like.
    • Say what you must do in the village.
    • Say what you did in the evening.

Day 2 • Say what you did this morning and what you hurt.
    • Say you saw the doctor, and what you must do.

5

Allez, les champions!

- Interviewing a sportsperson
- Asking and answering questions in three tenses

Lire 1

Lis le texte et identifie si chaque phrase est au présent (Pr), au passé (Pa) ou au futur (F).

UN FUTUR CHAMPION DE FOOT?

a **J'ai commencé** le foot à l'âge de quatre ans.

b **Je joue** au foot parce que **je trouve** le foot plus facile que les autres sports.

c Moi, **j'admire** Kylian Mbappé parce qu'**il marque** beaucoup de buts pour les Bleus.

d Pour être champion de foot, **il faut avoir** de l'assurance.

e **Je vais m'entraîner** tous les jours mais **je vais** aussi **travailler** dur au collège.

f Le mois dernier **j'ai participé** à l'Euro-Cup en Belgique. **C'était** passionnant!

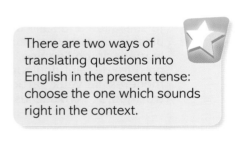

Lire 2

Traduis chaque question en anglais et puis note la lettre de la bonne réponse de l'exercice 1.

1 Qu'est-ce que tu fais comme sport, et pourquoi?
2 Est-ce que tu as commencé ton sport à un très jeune âge?
3 Qu'est-ce qu'il faut faire pour être champion?
4 Est-ce que tu as participé à une compétition récemment?
5 Qu'est-ce que tu vas faire à l'avenir?
6 Est-ce que tu as un héros sportif ou une héroïne sportive?

> There are two ways of translating questions into English in the present tense: choose the one which sounds right in the context.

Écouter 3

Écoute l'interview et vérifie tes réponses. (1–6)

> Questions are structured **in the same way**, no matter what tense is used. **G**
>
> To form a question <u>without a question word</u>:
>
> Present: *Est-ce que tu participes?*   Are you taking part? / Do you take part?
>
> Perfect: *Est-ce que tu as participé?*   Did you take part?
>
> Near future: *Est-ce que tu vas participer?* Are you going to take part?
>
> To form a question starting <u>with a question word</u> (e.g. 'what'), use question word + *est-ce que* + subject and verb in the correct tense.
>
> Present: *Qu'est-ce que tu fais?*   What do you do / are you doing?
>
> Perfect: *Qu'est-ce que tu as fait?*   What did you do?
>
> Near future: *Qu'est-ce que tu vas faire?*   What are you going to do?
>
> Page 123

Parler 4

En tandem. Dis ces sept questions en français. Utilise le tableau. Écoute ton/ta partenaire et corrige ses erreurs.

1 What sport do you do?
2 Did you take part in a competition recently?
3 Did you win the competition?
4 What do you do every day?
5 Do you eat healthily?
6 Do you have a sporting hero or heroine?
7 What are you going to do in the future?

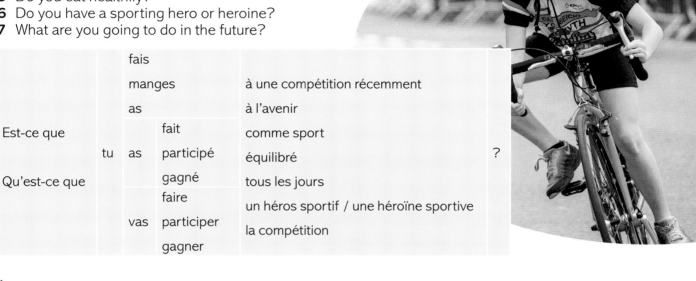

	fais			
	manges		à une compétition récemment	
	as		à l'avenir	
Est-ce que		fait	comme sport	
	tu as	participé	équilibré	?
Qu'est-ce que		gagné	tous les jours	
		faire	un héros sportif / une héroïne sportive	
	vas	participer	la compétition	
		gagner		

Écouter 5

Écoute l'interview et note deux détails en anglais pour chaque réponse. (1–7)

Écrire 6

En tandem. Écris le nom d'une personnalité sportive et une question pour cette personne. Change de questions avec ton/ta partenaire et écris une réponse à sa question.

Ellie Simmonds – Qu'est-ce que tu fais comme sport?

Je fais de la natation.

Écouter 7

Écoute et note: question (?) ou réponse (R). (1–5)

Écouter 8

Écoute et vérifie. (1–5)

Use rising intonation when you ask a question starting with **est-ce que**. This means that you make the tone of your voice go up.

Est-ce que tu fais de la natation?

When you give answers, make the tone of your voice go down.

Oui, je suis championne paralympique.

Parler 9

En tandem. Choisis une personnalité sportive. Prépare six questions et les réponses pour cette personne en français. Répète et présente l'interview à ta classe. Utilise des notes.

- *Bonjour Tom Daley. Est-ce que tu as commencé le plongeon à un très jeune âge?*
- *Bonjour! J'ai commencé le plongeon à l'âge de 7 ans.*
- …

le plongeon   diving

Bilan

P **I can ...**
- talk about sports .... *J'adore courir. On peut jouer au basket.*
- talk about sporting stars .... *Mon héros sportif est ... Il a gagné ...*
- pronounce sports properly .... *l'athlétisme, la musculation*
- use *jouer à* and *faire de* .... *jouer **aux** boules, faire **de la** danse*

1 **I can ...**
- give opinions about sports .... *Je trouve le tennis compliqué mais amusant.*
- use the comparative .... *Le ping-pong est **plus** amusant **que** le basket.*
  *La danse est **moins** relaxante **que** l'équitation.*

2 **I can ...**
- ask the way .... *Pour aller au parking / à la piste d'athlétisme?*
- give directions .... *Allez tout droit, tournez à gauche,*
  prenez la première rue à droite.
- use *à* + **definite article** .... ***au** stade / **à la** gare SNCF / **à** l'hôtel / **aux** toilettes*
- use the imperative .... *tourne / tournez, va / allez, prends / prenez*

3 **I can ...**
- understand the qualities of a champion .... *Il faut avoir de l'assurance. Il ne faut pas*
  consommer de drogue.
- take notes in French while listening
- translate from French into English
- use *il faut* + infinitive .... ***Il faut** être motivé.*

4 **I can ...**
- talk about injuries and illness .... *J'ai mal à la tête. J'ai un rhume.*
- understand basic remedies .... *Il faut prendre des antidouleurs. Il faut boire beaucou*
  d'eau.
- use *j'ai mal à* ... . *J'ai mal au bras / à la gorge / à l'œil / aux yeux.*
- use *depuis* .... ***depuis** trois jours / une semaine*

5 **I can ...**
- ask and answer questions about sport .... *Est-ce que tu as participé à un événement*
  sportif? J'ai participé à l'Euro-Cup.
- use rising intonation with questions
- form and understand questions in three tenses ...... *Qu'est-ce que tu fais / as fait / vas faire?*

Révisions

Ready

1 In pairs. Say a sport you can do or play. Your partner repeats your sport and adds a new one. Keep going. How many can you remember?

- *On peut jouer au basket.*
- *On peut jouer au basket et faire de l'équitation.*
- *On peut jouer au basket, faire de l'équitation et faire du footing.*
- *…*

2 In pairs. Use the map to ask where each place is and give directions, using *vous*.

- *Pour aller à l'hôtel, s'il vous plaît?*
- *Tournez à gauche.*

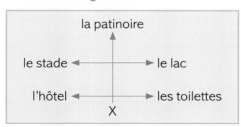

la patinoire

le stade ← → le lac

l'hôtel ← → les toilettes

X

3 Read Hassiba's message and note in English what is wrong with her.

> Coucou! Ça ne va pas. J'ai mal à l'estomac et à la gorge. J'ai aussi mal aux oreilles et à la bouche. J'ai un rhume et j'ai de la fièvre. **Hassiba**

Get set

4 Put the <u>four</u> sports in order of preference, starting with the sport Éric likes the most.

> Mon sport préféré, c'est la voile. À mon avis le billard est plus divertissant que le handball mais moins amusant que la voile. Je pense que le handball est moins ennuyeux que les arts martiaux.

5 Translate into English what the doctor says.

1 Il faut boire beaucoup d'eau et il faut manger équilibré.
2 Il faut prendre des antidouleurs et reste au lit. C'est la grippe.
3 Tu ne dois pas faire de sport mais tu peux pratiquer des exercices modérés.

Go!

6 Work out the tense of each question and translate the questions into English. Then ask and answer the questions with your partner.

1 Est-ce que tu vas souvent à la salle de fitness?
2 Est-ce que tu as vu un match de foot le weekend dernier?
3 Qu'est-ce que tu fais comme sport?
4 Est-ce que tu vas aller à la piscine le weekend prochain?

7 Work out the tense of each question. Then translate each question into French.

1 Did you watch the match?
2 Do you play handball?
3 What did you do yesterday?
4 What are you going to do tomorrow?
5 Are you going to play tennis next weekend?

1 **Cinq jeunes parlent de sport. Copie et complète les phrases avec les mots de la case. (1–5)**

There are more words than you need.

1 Hélène adore le …
2 Adam fait … de l'athlétisme.
3 Récemment, Alison a joué au …
4 Demba trouve le rugby …
5 Le weekend dernier, Jade a fait du …

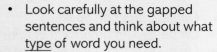

tous les jours
rugby
souvent
basket
violent
judo
vélo
volleyball
intéressant
footing

- In this task you are choosing French words to fill in the gaps.
- Look carefully at the gapped sentences and think about what <u>type</u> of word you need.
- Stay calm: you can fill in any missed answers the second time you listen.

Remember the T**R**APS: **R**eflect, don't **R**ush! Listen to the end to make sure you've identified the correct information.

2 **Écoute le podcast et choisis la bonne réponse (a, b ou c). (1–6)**

1	Fred prefers …	**a** ice-skating.	**b** skiing.	**c** snowboarding.
2	He won a competition …	**a** last weekend.	**b** last month.	**c** this month.
3	To be a champion you must …	**a** get plenty of rest.	**b** work out at the gym.	**c** have confidence.
4	Fred also enjoys …	**a** swimming.	**b** playing tennis.	**c** dancing.
5	The winter Olympics …	**a** were last year.	**b** are this summer.	**c** are next year.
6	At the moment, Fred is …	**a** on holiday.	**b** training hard.	**c** injured.

- Before you start, read through each of the options and <u>predict</u> which words you might hear.
- Be sure to avoid all of the **TRAPS**! Remember: **T**enses; **R**eflect, don't **R**ush; **P**ositive or negative, **S**ubject (person involved).

3 **En tandem. Jeu de rôle. Prépare tes réponses.**

When *vous* is used in the scenario, you need to use *vous* in the role play.

Vous êtes dans la rue dans une ville en Grande-Bretagne. Vous parlez français pour aider un(e) touriste français(e).

- *Excusez-moi, quelle heure est-il?*
  - ■ *(heure)*
- *Ah, merci. Pour aller au stade de foot, s'il vous plaît?*
  - ■ *(2 directions)*
- *(listen to the unexpected question)*
  - ■ *!*
- *Très bien.*
  - ■ *? (foot – opinion)*
- *C'est intéressant.*

Use *il est* + a time of your choice.

You need to use the *vous* form of the imperative in your answer.

? means <u>you</u> have to <u>ask</u> a question. What question could you ask here? Remember to use *vous*.

! means you have to <u>answer</u> an <u>unexpected</u> question. Remember that the question will use *vous* + the *vous* form of the verb, which usually ends in *–ez*.

4 **En tandem. Écoute et fais le jeu de rôle deux fois. (1–2)**

Do one complete role play each. Listen to your partner and give feedback on his or her performance.

Each time, you will hear a different unexpected question. Be sure to answer with a full sentence.

Parler
5

Description d'une photo. Regarde la photo et prépare tes réponses aux questions.

- *Qu'est-ce qu'il y a sur la photo?*
- *Sur la photo, il y a …*
- *Est-ce que tu as fait du sport récemment?*
- *Samedi dernier, j'ai …*
- *Est-ce que tu vas jouer au volleyball ce weekend?*
- *Oui / Non, ce weekend, je vais …*

Écrire
6

Traduis les phrases en français.

1 I play basketball with my friends.
2 I find tennis more exciting than swimming.
3 You must go to the gym every day.
4 Tomorrow I am going to play rugby.
5 Last weekend I went to the stadium and I watched the football.

Before you start, identify which sentence(s) need(s):

a the <u>near future</u> tense
b the <u>perfect</u> tense
c a <u>comparative</u>
d <u>il faut + infinitive</u>
e the <u>present</u> tense.

Lire
7

Lis le texte et choisis les <u>trois</u> bonnes phrases.

Amandine Henry est une joueuse de football pleine de talent qui joue pour l'Olympique lyonnais. Elle est aussi capitaine de l'équipe de France féminine. Elle est née le 28 septembre 1989 à Lille et elle porte le numéro 6 des Bleues. Elle a commencé à jouer au foot à l'âge de 5 ans et elle a joué avec des garçons jusqu'à 13 ans. Malheureusement, à l'âge de 18 ans, elle s'est blessée à la jambe et elle n'a pas joué pendant 18 mois. Elle a joué 75 fois pour la France et elle a marqué 11 buts.

1 Amandine played football in the Olympics.
2 She captains the French women's team.
3 She was born in Lille.
4 She started playing when she was 4 years old.
5 She was injured when she was younger.
6 She has scored 75 goals for France.
7 She has recently retired from football.

Écrire
8

Écris un blog sur le sport. Réponds aux questions.

- Quels sports est-ce que tu aimes et quels sports est-ce que tu n'aimes pas? Pourquoi?
- Est-ce que tu as vu un événement sportif récemment? C'était comment?
- Qu'est-ce que tu vas faire comme sport le weekend prochain?

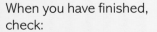

J'aime … parce que … mais je n'aime pas … parce que …

Le weekend dernier, j'ai vu un match de … , le championnat de … C'était …

Samedi prochain, je vais … Dimanche, je vais …

When you have finished, check:

- you have used the <u>appropriate tense</u> in each answer and your <u>verbs</u> are correctly formed
- you have added in <u>extra details</u> to make your answers more interesting.

En plus

1 Écoute et lis le texte. Qu'est-ce qui se passe?

Explain in English what you think is happening in the text.

Elle est bien là, aux pages 42 à 44, la deuxième série de questions:
« À quelle date est-ce qu'on a codifié les règles de football pour la première fois?
Comment s'appelle le terrain de football où on a joué la première finale de Coupe de France? ...
Quelle équipe a gagné le Championnat de France féminin en 1991? »
Il y a vingt questions comme cela. Toutes plus difficiles les unes que les autres.
À la fin, pour la dernière épreuve, il y a une question subsidiaire:
« Combien de billets est-ce qu'on a vendu pour la Coupe du Monde de football en 2002? »
Alors, comment je vais trouver ça, moi? C'est impossible. Impossible ...

L'école des champions, by Jacques Lindecker, is a series of books about Martin, a talented young player at a football academy. In the first book, Martin decides to enter a magazine competition to win two tickets for the World Cup.

In French books, symbols like this are often used instead of speech marks or quotation marks. In this case, they show what Martin is reading.

codifier	to standardise
la question subsidiaire	tie-breaker
vendu (pp vendre – to sell)	sold

2 Relis le texte et réponds aux questions.

1 Write the letters of the questions (a–d) in the order they appear in the text.
  a What is the name of the football ground where the first final of the French Cup was played?
  b How many tickets were sold for the football World Cup in 2002?
  c On which date were the rules of football standardised for the first time?
  d Which team won the women's French Championship, in 1991?

2 Copy and complete the following sentences about the text.
  a According to Martin, there are … questions like that in the quiz.
  b He says that the questions get more …
  c He thinks that the tie-breaker question …

- First read the text quickly, to get the <u>gist</u>.
- Look for words and phrases you know or can work out.
- Use the questions a–d in exercise 2 to help you scan the text for the same information.
- You don't need to understand every word, but look carefully at the <u>details</u>, so you choose the correct answers.

To ask 'which…?' or 'what..?' + a specific noun, use the correct form of *quel*:

masculine singular	feminine singular	masculine plural	feminine plural
Quel *pays …?* (Which country …?)	***Quelle*** *équipe …?* (Which team …?)	***Quels*** *sports …?* (Which sports …?)	***Quelles*** *villes …?* (Which towns …?)

Quel pays a gagné la Coupe du Monde en 1998?
Which country won the World Cup in 1998?

3 Lis le quiz. Copie et complète les questions avec les mots de la case. Puis écoute et vérifie.

Le sport, c'est la question!

Tu es accro au sport? Fais notre grand quiz sportif!

Les Jeux Olympiques

1 Dans ▬▬ ▬▬ est-ce qu'on a organisé les Jeux Olympiques de 2012?
 a Londres
 b Rio
 c Paris

2 ▬▬ ▬▬ a gagné le plus de médailles d'or aux JO de 2016?
 a La Chine
 b les États-Unis
 c la Grande-Bretagne

3 Quel sportif ou ▬▬ ▬▬ a gagné un total de 28 médailles olympiques?
 a Michael Phelps
 b Venus Williams
 c Chris Hoy

Le football

4 ▬▬ ▬▬ a gagné la Ligue des Champions en 2008?
 a Real Madrid
 b Bayern Munich
 c Manchester United

5 ▬▬ ▬▬ fois est-ce que la France a gagné la Coupe du Monde de foot?
 a une fois
 b deux fois
 c trois fois

6 ▬▬ ▬▬ pays est-ce qu'on a joué la Coupe du Monde en 2018?
 a l'Allemagne
 b le Brésil
 c la Russie

| le plus de | the most |
| **combien de fois?** | how many times? |

| Quel pays | Combien de | Dans quel |
| Quelle équipe | quelle ville | quelle sportive |

4 Relis le quiz de l'exercice 3 et écris tes réponses (a, b ou c).

5 Écoute Juliette et Noah qui participent au quiz. Vérifie tes réponses.

6 En tandem. Invente un quiz sportif. Fais des recherches et écris au moins six questions.

Your quiz can be about one sport, or several sports.

Use the questions in exercise 3 as a model.

Remember to make *quel* agree with the noun.

If possible, record or video your quiz.

7 En groupe de trois ou quatre. Pose les questions de ton quiz à tes camarades.

- *Quel pays a gagné la Coupe du Monde de foot en 2010?*
- *b – l'Espagne.*
- *Bravo! Cinq points. / Non, désolé(e).*

Grammaire

jouer à and *faire de* (Point de départ, page 104)

1 Copy the text and fill in the gaps with *jouer* + *au/à la/aux* or *faire* + *du/de la/de l'/des*. Then translate the text into English.

Dans ma ville, on peut ░░░ jouer ░░░ au ░ basket (*m*) ou ░░░░░░ ░░░ vélo (*m*) dans le jardin public. Il y a un centre sportif où on peut ░░░░ ░░░░ tennis (*m*), ░░░░ ░░░░ gymnastique (*f*) et ░░░░ ░░░░ arts (*pl*) martiaux. On peut aussi ░░░░░ ░░░ sports (*pl*) nautiques: j'aime ░░░░ ░░░░ natation (*f*) j'adore ░░░░ ░░░░ water-polo (*m*) à la piscine municipale.

- Use *jouer à* + definite article with sports you <u>play</u>.
- Use *faire de* + definite article with sports you <u>do</u>.
- *à* and *de* change when used with the definite articles *le* and *les*:

	masculine singular	feminine singular	before a vowel	plural
J'aime <u>jouer</u> …	*au* basket	*à la* pétanque		*aux* boules
J'aime <u>faire</u> …	*du* vélo	*de la* voile	*de l'*athlétisme	*des* arts martiaux

 When *faire* is used with a sport, it is sometimes translated by 'to go':

*On peut **faire** du vélo.* ⟹ You can **go** cycling.

The comparative (Unit 1, page 107)

2 Translate these sentences into English. Note whether you agree or disagree with each one.

1 Le ping-pong est moins amusant que le volley.
2 La pétanque est plus divertissante que le hockey.
3 En France, le golf est moins populaire que le basket.
4 Manchester United est plus riche que Newcastle United.
5 Un match de cricket est moins intéressant qu'un match de rugby.
6 Le basket est plus fatigant que le tennis.
7 Les sports d'hiver sont plus difficiles que les sports nautiques.
8 Les Jeux Olympiques sont plus importants que la Coupe du Monde de football.

You use the comparative to compare two or more things.
To form the comparative, use:

- *plus* + adjective + *que*   (more … than …)
- *moins* + adjective + *que*   (less … than …)

*Le ski est **plus** amusant **que** le cyclisme.*
Skiing is **more** fun **than** cycling.

The adjective agrees with the first noun.
*La voile est **moins** fatigante **que** le tennis.*
Sailing is **less** tiring **than** tennis.

With plural nouns, use *sont* ('are') not *est* ('is').
*Les arts martiaux **sont** plus passionnants que le billard.*
Martial arts **are** more exciting than snooker.

3 Write your own sentences comparing each set of two things, using the adjective in brackets and *plus* or *moins*. Remember to make the adjective agree if needed.

Example: **1** La danse est plus passionnante que le golf.

1 la danse, le golf (passionnant)
2 le cricket, le foot (compliqué)
3 Prince Harry, Zidane (sportif)
4 la gymnastique, le yoga (relaxant)
5 le chocolat, la pizza (délicieux)
6 la campagne, la ville (intéressant)
7 les films d'action, les comédies (divertissant)
8 les chiens, les chats (mignon)

The imperative (Unit 2, page 109)

4 Copy the sentences and fill in the missing imperatives, using the verb in brackets. Then translate each sentence into English.

Use the *tu* form:
1 (tourner) à gauche.
2 (prendre) la première rue à droite.
3 (aller) tout droit.
4 (écouter) le professeur.

Use the *vous* form.
5 (tourner) à droite pour aller à l'hôtel.
6 (prendre) du papier.
7 (aller) à la salle de gymnastique.
8 (parler) en tandem.

You use the imperative to give instructions.

The *vous* form imperative is the *vous* form of the verb.

vous **prenez** (you take) ⟹ **prenez** *des antidouleurs* (take painkillers)

vous **tournez** (you turn) ⟹ **tournez** *à gauche* (turn left)

vous **allez** (you go) ⟹ **allez** *à la patinoire* (go to the ice rink)

The *tu* form imperative is the *tu* form of the verb.

tu **prends** (you take) ⟹ **prends** *un stylo* (take a pen)

For *–er* verbs (and *aller*), you take off the final *–s*:

tu **tournes** (you turn) ⟹ **tourne** *à gauche* (turn left)

tu **vas** (you go) ⟹ **va** *à la maison* (go home)

Il faut + infinitive (Unit 3, page 110)

5 Translate the English words into French.
1 (You must) (eat) beaucoup de fruits et de légumes.
2 (You must) (sleep) huit heures par nuit.
3 Est-ce qu'(you must) (go) au collège?
4 (You must not) (play) dans la rue.
5 (You must not) (wear) de baskets.
6 (You must not) (buy) trop de bonbons.

il faut is an impersonal verb. Think of it as a little phrase meaning 'you must' or 'it is necessary to'. The **infinitive** is used after *il faut*:

Il faut travailler dur. **You must work hard.**

Il ne faut pas means 'you must not':

Il ne faut pas fumer. You must **not smoke**.

After *il ne faut pas*, *un*, *une* and *des* become *de*:

Il ne faut pas consommer de drogue. You must not take drugs.

Questions (Unit 5, page 114)

6 Match each question (1–5) with the correct answer (a–e). Then translate each pair into English.
1 Qu'est-ce que tu as fait samedi?
2 Est-ce que tu travailles dur au collège?
3 Qu'est-ce que tu bois au petit déjeuner?
4 Est-ce que tu vas aller au cinéma ce weekend?
5 Est-ce que tu as visité la France?

a Oui, c'est important.
b Non, mais je suis allé en Suisse.
c Un jus d'orange ou du thé.
d J'ai fait du vélo.
e Non, je vais rester à la maison.

Questions are structured in the same way, no matter which tense is used.

To form a question without a question word:

Est-ce que tu joues? Are you playing? / Do you play?

Est-ce que tu as joué? Did you play?

Est-ce que tu vas jouer? Are you going to play?

To form a question starting with a question word (e.g. 'what'):

Qu'est-ce que tu manges? What do you eat / are you eating?

Qu'est-ce que tu as mangé? What did you eat?

Qu'est-ce que tu vas manger? What are you going to eat?

est-ce que indicates a question. It has no direct translation. You translate the question according to the verb tense used.

Vocabulaire

Point de départ (pages 104–105)

Dans ma ville / mon village, il y a …	*In my town / my village, there are …*	le tennis de table	*table tennis*
beaucoup de possibilités sportives.	*lots of sporting opportunities.*	le ping-pong	*table tennis*
peu de possibilités sportives.	*few / not many sporting opportunities.*	le volleyball	*volleyball*
une salle de fitness	*a gym*	la danse / la gymnastique	*dance / gymnastics*
On peut jouer au / à la / à l' / aux …	*You can play …*	la musculation	*weight training*
On peut faire du / de la / de l' / des …	*You can do …*	la pétanque / les boules	*boules*
le basket / le billard	*basketball / snooker*	la voile / la planche à voile	*sailing / windsurfing*
le cyclisme / le vélo	*cycling*	l'athlétisme / l'équitation	*athletics / horse riding*
le foot(ball) / le footing	*football / jogging*	les arts martiaux	*martial arts*
le handball / le hockey	*handball / hockey*	Je suis membre d'un club.	*I am a member of a club.*
le judo / le patin à glace	*judo / ice skating*	Je m'entraîne deux fois par semaine.	*I train twice a week.*
le rugby / le ski / le tennis	*rugby / skiing / tennis*	Mon héros sportif …	*My sporting hero is …*
		Mon héroïne sportive est …	*My sporting heroine is …*
		Il/Elle a gagné.	*He/She won.*
		Il/Elle a marqué un but.	*He/She scored a goal.*

Unité 1 (pages 106–107) *Plus ou moins?*

Je trouve le tennis / la gymnastique …	*I find tennis / gymnastics …*	violent(e).	*violent*
amusant(e).	*fun.*	ennuyeux / ennuyeuse.	*boring.*
compliqué(e).	*complicated.*	difficile.	*difficult.*
divertissant(e).	*entertaining.*	facile.	*easy.*
fatigant(e).	*tiring.*	À mon avis / Pour moi …	*In my opinion / For me …*
intéressant(e).	*interesting.*	le footing est plus facile que la natation.	*jogging is easier than swimming.*
passionnant(e).	*exciting.*	la voile est moins amusante que le ski.	*sailing is less fun than skiing.*
relaxant(e).	*relaxing.*		

Unité 2 (pages 108–109) *Pour aller au stade?*

Pour aller …	*How do I get to …*	à l'hôtel?	*the hotel?*
au stade? / au lac?	*the stadium? / the lake?*	aux courts de tennis?	*the tennis courts?*
au centre aquatique?	*the aquatic centre?*	aux magasins?	*the shops?*
au vélodrome?	*the velodrome?*	aux toilettes?	*the toilets?*
au parking?	*the car park?*	Va / Allez tout droit.	*Go straight on.*
au bureau d'information?	*the information office?*	Tourne / Tournez à droite.	*Turn right.*
au restaurant self-service?	*the self-service restaurant?*	Tourne / Tournez à gauche.	*Turn left.*
à la piste d'athlétisme?	*the athletics track?*	Prends / Prenez la première rue à droite.	*Take the first road on the right.*
à la salle de gymnastique?	*the gymnastics hall?*	Prends / Prenez la deuxième rue à gauche.	*Take the second road on the left.*
à la gare SNCF?	*the train station?*	s'il te plaît / s'il vous plaît	*please*
à la gare routière?	*the bus station?*	merci	*thank you*

Unité 3 (pages 110–111) *Qu'est-ce qu'il faut faire?*

Il faut …	It is necessary …
travailler dur.	to work hard.
manger équilibré.	to eat healthily.
boire beaucoup d'eau.	to drink lots of water.
avoir de l'assurance.	to be confident.
être motivé(e) et déterminé(e).	to be motivated and determined.
aller à la salle de fitness.	to go to the gym.
dormir huit heures par nuit.	to sleep for 8 hours a night.
faire d'autres activités aussi.	to also do other activities.
Il ne faut pas …	You must not …

fumer de cigarettes.	smoke cigarettes.
consommer de drogue.	take drugs.
Sur la photo il y a …	In the photo there is / are …
des athlètes.	some athletes.
des joueurs.	some players.
Ils/Elles …	They …
participent à	are taking part in
jouent	are playing
portent	are wearing
une course	a race
un maillot de course	a running vest
un maillot de basket	a basketball shirt
Il/Elle marque un panier.	He/She is scoring a basket.

Unité 4 (page 112–113) *Ça va?*

le bras / la jambe	arm / leg
le cou	neck
le dos	back
le genou	knee
le nez	nose
le pied / la main	foot / hand
le ventre / l'estomac	stomach
la bouche	mouth
la gorge	throat
la tête	head
l'épaule	shoulder
l'œil / les yeux	eye / eyes
l'oreille	ear
J'ai mal au bras.	I have a sore arm.
J'ai mal à la gorge.	I have a sore throat.
J'ai mal à l'œil.	I have a sore eye.
J'ai mal aux yeux.	I have sore eyes.
J'ai de la fièvre.	I have a temperature.

Je me suis blessé au pied / à la tête / à l'épaule.	I've hurt my foot / head / shoulder.
Je me suis blessé(e) aux jambes.	I've hurt my legs.
J'ai la grippe.	I have the 'flu.
J'ai un rhume.	I have a cold.
Il faut …	You must …
rester au lit.	stay in bed.
utiliser une crème.	use a cream.
mettre un pansement.	put on a bandage.
pratiquer des exercices modérés.	do some gentle exercises.
prendre des antidouleurs.	take painkillers.
Vous allez bien?	Are you well?
Ça ne va pas.	I'm not well.
Depuis quand?	Since when?
depuis trois jours	for three days
depuis hier	since yesterday

Unité 5 (page 114–115) *Allez, les champions!*

Qu'est-ce que tu fais comme sport?	What sport do you do?
Est-ce que tu as commencé ton sport à un très jeune âge?	Did you start your sport at a very young age?
J'ai commencé le foot …	I started football …
Qu'est-ce qu'il faut faire pour être champion(ne)?	What must you do to be a champion?
Il faut …	You must …
Est-ce que tu as participé à une compétition récemment?	Have you taken part in a competition recently?

J'ai participé à …	I took part in …
Qu'est-ce que tu vas faire à l'avenir?	What are you going to do in the future?
Je vais m'entraîner tous les jours.	I am going to train every day.
Est-ce que tu as un héros sportif ou une héroïne sportive?	Do you have a sporting hero or heroine?
J'admire …	I admire …

À toi A

1 What did they do in the holidays? Copy out the sentences, unjumbling the past participles. Then translate the sentences into English.

1 J'ai **natérî** au lit et j'ai **gedarér** la télé.
2 J'ai **énga** dans la mer et j'ai **négam** des glaces.
3 J'ai **céétou** de la musique, j'ai **thacén** et j'ai **éndsa**.
4 J'ai **vrouréet** mes amis et on a **ojéu** à des jeux vidéo.
5 J'ai **stéivi** un parc d'attractions et j'ai **tafi** tous les manèges.
6 Nous avons **atfi** un tour en bateau et nous avons **spir** beaucoup de photos.

2 Read the holiday advert and Amira's text. Then answer the questions.

Activités de vacances à l'île Maurice

- Nager avec des dauphins
- Voir des baleines
- Faire une balade à cheval
- Jouer au golf
- Faire du kitesurf
- Faire un safari en Segway
- Visiter le parc à crocodiles

une baleine whale

 L'année dernière, je suis allée à l'île Maurice avec ma famille. Nous avons voyagé en avion. J'ai nagé avec des dauphins et j'ai vu des baleines. C'était vraiment super! Ma petite sœur a fait un safari en Segway et ma mère a fait une balade à cheval. Mon père a joué au golf. Il a aussi fait du kitesurf, mais c'était assez difficile! Finalement, nous avons visité le parc à crocodiles et c'était très amusant.

Amira

1 How did Amira's family travel to Mauritius?
2 What else did she see while swimming with dolphins?
3 What did her little sister do?
4 Who went horse riding?
5 What did Amira's father find difficult?
6 Which activity did they do as a whole family?

3 Write a description of a holiday in Madagascar, based on this advert. Adapt the text from exercise 2. Include opinions.

> Adverts often use verbs in the infinitive (e.g. **nager**, **faire**, etc.). To describe what you did, change the infinitives into perfect tense verbs (**j'ai nagé**, **mon frère a fait …**, etc.).

Activités de vacances à Madagascar

★ Faire du surf
★ Faire de la plongée
★ Voir des lémuriens
★ Jouer au beach-volley
★ Manger des fruits de mer
★ Voir un spectacle de danse traditionnelle

des lémuriens

À toi B

1 Find the odd one out on each line and explain why. Think grammatically! More than one correct answer may be possible.

Example: **1** c – because the past participle is irregular

1
- **a** J'ai voyagé en car.
- **b** J'ai nagé dans la mer.
- **c** J'ai pris des photos.
- **d** J'ai mangé au restaurant.

2
- **a** J'ai raté le bus.
- **b** J'ai perdu mon argent.
- **c** J'ai oublié mon passeport.
- **d** J'ai cassé mon portable.

3
- **a** Je suis allé en France.
- **b** Je suis allé en Grèce.
- **c** Je suis allé en Espagne.
- **d** Je suis allée en Angleterre.

4
- **a** Nous sommes allés en vacances.
- **b** Nous avons voyagé en avion.
- **c** Nous sommes arrivés au Maroc.
- **d** Nous sommes restés à l'hôtel.

5
- **a** Je n'ai pas joué en ligne.
- **b** J'ai acheté des souvenirs.
- **c** Je n'ai pas pris de photos.
- **d** Je n'ai pas mangé de glaces.

2 Copy out and complete Noah's blog about his holidays, using the verbs in the box. Then translate the blog.

Normalement, __1__ en Espagne avec ma famille et __2__ en voiture. Je nage dans la mer, __3__ au foot sur la plage et le soir, __4__ au restaurant. Ça va, mais __5__ un peu ennuyeux.

Cependant, l'année dernière, je ne suis pas parti en vacances avec ma famille parce que __6__ au Canada avec mes amis! __7__ en avion et on a visité un parc d'attractions où __8__ tous mes personnages préférés. D'abord, on a fait un tour en bateau et ensuite, __9__ un hamburger-frites. Après, __10__ tous les manèges, mais j'ai vomi sur les montagnes russes. Quelle horreur! En plus, __11__ mon portable et je n'ai pas pris de photos. Quel désastre! __12__ vraiment nul!

> Use context to work out which verb you need in each gap and decide whether it refers to the present or the past.

| je joue | nous avons fait | nous voyageons | je suis allé | c'est | Nous avons voyagé |
| nous mangeons | C'était | j'ai vu | je vais | nous avons mangé | j'ai perdu |

3 Use the pictures to write a story about a special holiday that went wrong.

Normalement, …

L'année dernière, …

> Include time phrases (*normalement*, *l'année dernière*) and sequencers (*d'abord*, *ensuite*, etc).
>
> Remember, some verbs take *être* in the perfect tense and their past participle must agree: *je suis resté(e)* …, *nous sommes allé(e)s* …
>
> Look back at page 14 for help.

À toi A

Lire
1 Look at the market stall and read the shopping lists. Work out the total cost of each person's shopping.

2€60 le kilo 3€50 le kilo 1€80 le kilo 2€60 la pièce 3€10 la pièce

5€50 le kilo 3€60 le kilo 2€70 4 tranches 2€70 100 grammes 4€10 le morceau

1
1 chou-fleur
jambon (8 tranches)
olives (300 g)
oignons (1 kg)

2
3 artichauts
pommes de terre (1 kg)
fromage (2 morceaux)
oignons (1/2 kg)

3
bananes (2 kg)
fromage (1 morceau)
pommes (3 kg)
olives (200g)

4
jambon (4 tranches)
tomates (1/2 kg)
2 choux-fleurs
pommes de terre (2kg)

la pièce in this context means 'each', so one artichoke costs 2€60.

2 Choose one of the shopping lists in exercise 1. Write out a conversation between a market stall holder (*le marchand*) and the customer (*la cliente*), who is buying the items on the list you have chosen.

Exemple:

Le marchand: Bonjour, madame. Vous désirez?

La cliente: Bonjour, monsieur. Je voudrais …

Le marchand: Et avec ça?

La cliente: Je voudrais aussi …

Look back at page 37 for help with writing your dialogue.

Lire
3 Separate out the word snakes and write out each person's plans in French. Then translate each one into English.

1 ÀNoëljevaisalleraumarchédeNoëlàStrasbourg.
2 Pourmonanniversairejevaisfairelagrassematinée.
3 ÀPâquesjevaisfaireunesoiréepyjamaavecdescopains.
4 Le14juilletjevaisregarderlefeud'artificeenville.
5 PourleNouvelAnjevaisrendrevisiteàmamèreàParis.

4 Write in French what you are going to do for each of these occasions.

Use Exercise 3 for help with the starts of your sentences.

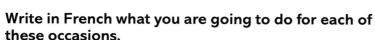

New Year: watch fireworks
Birthday: meet my friends in town
Bastille Day: travel to Paris by coach
Easter: buy Easter eggs
Christmas: choose presents for my family

À toi **B**

Lire

1 Choose the correct ending for each sentence. Then translate the resolutions into English.

L'année prochaine ...

1 Je vais aider	**a** cinq fruits et légumes par jour.
2 On va passer	**b** du sport à la récré.
3 Ma sœur va être	**c** un maximum d'une heure par jour sur YouTube.
4 Nous allons manger	**d** mes parents à la cuisine.
5 Mes copains vont faire	**e** sympa avec moi.

Lire

2 Read the description and correct the six mistakes in the English translation.

La piperade est un plat typique du sud-ouest de la France. Dans la piperade, il y a des œufs et du lait. Il y a beaucoup de légumes, par exemple des oignons, des poivrons rouges, des poivrons verts et de l'ail. Il y a aussi des tomates. C'est rapide à faire et c'est vraiment délicieux. J'ai goûté la piperade à Biarritz.

Piperade is a typical dish from the south-east of France. In *piperade*, there is an egg and some milk. There are lots of vegetables, for example potatoes, red peppers, yellow peppers and garlic. There are also tomatoes. It's hard to make and it is really delicious. I am going to try *piperade* in Biarritz.

La piperade

Écrire

3 Translate the description into French, using the text in exercise 1 as a guide.

Shepherd's pie is a typical dish from Great Britain. In a shepherd's pie, there are potatoes and meat. There are also onions and carrots. It's easy to make and it's very tasty. I ate a shepherd's pie last night at home.

La shepherd's pie

Remember, in French you must always include the word for 'some', even if it isn't used in English ('there are (some) potatoes and (some) meat', etc.).

Écrire

4 You are going on a school trip to Lyon in France to see *la fête des Lumières*. Use the information to write about your future trip.

School trip, December
Destination: Lyon, France
Festival: la fête des Lumières
Class: 8B + Mr Stevens
Transport: train
Departure from school: 6th December, 7 a.m.
Activities: choosing presents for family; drinking hot apple juice; eating pancakes; admiring illuminated houses

Millions of visitors go to the **fête des Lumières** (Festival of Lights) in Lyon every year. For four days around 8th December, houses and buildings all over the city are decorated with lights.

À toi Ⓐ

1 Decode the messages and write them out in French. Each time make the adjective in brackets agree with the noun. (See pages 56–57 for help.)

1
À la télé, 😎  parce qu'elles sont très (divertissant) et 😃 🐱 parce qu'ils sont assez (marrant), mais 😟 👩. À mon avis, ils sont vraiment (bête) et (ennuyeux).

2
Au cinéma, 😃 🦸 parce qu'ils sont (plein d'action) et 😎 🤖 parce qu'ils sont (passionnant). Cependant, 😟 🍕 parce qu'ils sont complètement (nul).

2 Read the text. Copy and complete the profile in English. Give as much detail as possible.

Je m'appelle Farid et j'habite en Tunisie. Comme loisirs, j'aime faire du sport, surtout de la natation.

J'adore aussi la musique. J'écoute beaucoup la musique de Drake. Je télécharge des chansons sur mon portable et j'écoute Drake dans le bus, avant le collège.

Après les cours, je retrouve mes copains en ville et on boit un coca, mais je ne fais jamais les magasins parce que c'est ennuyeux!

Je ne regarde pas souvent la télé, mais de temps en temps je regarde une comédie sur Netflix. Le soir, je lis dans ma chambre, ou parfois, je joue à des jeux vidéo, mais pas les jours d'école!

name	Farid
lives in	
sports	
music (what? how? when?)	
after school	
dislikes / never …	
television (when? what? how?)	
evening activities	

3 Look at Aisha's profile and write a text for her. Adapt the text from exercise 2.

name	Aisha
lives in	Morocco (le Maroc)
sports	cycling
music (what? how? when?)	Rihanna, streaming, evening
after school	meets friends in park, plays basketball
dislikes / never …	football
television (how? what? why?)	on tablet, 😎 sci-fi programmes – interesting
evening activities	eats with family, sometimes goes for a walk

À toi B

1 Read the text. Then copy out the sentences (1–7) in French, correcting the mistake in each one.

Samedi prochain, je vais aller au cinéma avec mes parents. On va voir un film de Steven Spielberg, c'est mon réalisateur préféré.

Je suis méga-fan des films de science-fiction. À mon avis, ils sont trop cool, surtout quand les effets spéciaux sont bien! Le dernier film que j'ai vu était Star Wars: les derniers Jedi, mais pas au ciné – j'ai regardé ça à la télé à la demande et c'était fantastique!

Cependant, je préfère voir des films au cinéma parce qu'avant le film, il y a les bandes-annonces! Moi perso, j'aime bien regarder les clips des nouveaux films qui vont sortir parce que c'est amusant, mais mon père dit que c'est ennuyeux.

Pendant le film, je vais boire du coca, mais mes parents n'aiment pas ça, donc ils vont boire de l'eau ou un café. Cependant, on va tous manger du pop-corn parce que nous adorons ça! C'est vraiment délicieux!

Rémi

| **les bandes-annonces** | *trailers* |

1 Rémi va aller au cinéma aujourd'hui.
2 Il n'aime pas beaucoup les films de Steven Spielberg.
3 Il pense que les films de science-fiction sont nuls.
4 Rémi a vu *Star Wars: les derniers Jedi* au cinéma.

5 Le père de Rémi aime regarder les bandes-annonces.
6 Les parents de Rémi vont boire du coca au cinéma.
7 Rémi et ses parents ne mangent jamais de pop-corn.

2 Re-read the text from exercise 1 and find the verbs. Copy the verbs into three lists according to their tense and translate them into English.

near future tense	present tense	perfect tense
je vais aller (I am going to go)	je suis (I am)	

3 Imagine you are planning a trip to the cinema. Adapt the text from exercise 1, using your own ideas.

Use three tenses: the near future tense, the present tense and the perfect tense.

Mention:

- When you are going to the cinema and who with.
- What film you are going to see.
- What sort of films you like and dislike.
- The last film you saw, where and how you watched it.
- What you like or dislike about going to the cinema.
- What you are going to eat and drink at the cinema.

Lire

1 Copy out the weather phrases, putting the words into the correct order.

1 beau Il fait
2 chaud fait Il
3 y Il brouillard a du
4 des orages a y Il

5 et fait pleut il Il mauvais
6 il hiver froid En fait
7 très En chaud il été fait
8 temps Quel - aujourd'hui fait-il ?

Lire

2 Match each photo with the correct description.

1 **La marmotte** habite à la montagne. Elle est petite et marron. Elle mange des plantes.
2 **Le sanglier** habite dans la forêt. Un sanglier typique pèse de 90 à 150 kilos. Il y a environ 2 millions de sangliers en France.
3 **Le lynx** ressemble à un gros chat. Il habite à la montagne. Il est classé « en danger d'extinction ». Il y a peu de lynx en France.
4 **Le blaireau** est un animal nocturne. Il habite dans la forêt. Il a la tête blanche avec une bande noire de chaque côté. Le blaireau est omnivore.
5 **Le chamois** habite à la montagne. En hiver, il change de couleur et il gratte la neige pour manger de l'herbe.

Les animaux à la campagne en France

Focus on clues such as colour, size and habitat to help you narrow down the options and rule out certain animals.

Lire

3 Look again at exercise 2. Write in French the animal(s) which …

1 live in the forest. (2)
2 finds food by scratching in the snow.
3 is an endangered species.
4 eats plants and animals.

5 is very numerous in France.
6 live in the mountains. (3)
7 is small and brown.
8 changes colour in winter.

Écrire

4 Translate the sentences into French, using the texts in exercise 2 to help you.

1 The owl (**la chouette**) lives in the forest.
2 The hare (**le lièvre**) changes colour in winter.
3 The eagle (**l'aigle**) lives in the mountains.
4 The bat (**la chauve-souris**) is a nocturnal animal.
5 The squirrel (**l'écureuil**) (*m*) is small and grey or red.

À toi **B**

1 Read and copy out the text, choosing the correct word to fill in each gap.

Je m'appelle Isabelle Inactive. Je me **1** tous les jours à dix heures et demie. Je me douche une fois par **2** . Au petit déjeuner je mange des **3** et je **4** un coca. Je me lave les **5** une fois par semaine. **6** la journée je regarde des feuilletons ou des **7** de télé-réalité. Le soir je **8** couche à huit heures. Je **9** très inactive.

me   mois   bois   suis   bonbons   lève   Pendant   dents   émissions

2 You are Alain Actif. Write a text about your daily routine.

3 Read Freddy's blog. Answer the questions in English, giving as much detail as you can.

Ça y est, j'ai déménagé ... à La Rochelle! C'est une belle ville au bord de la mer dans le sud-ouest de la France. Il y a un vieux port historique mais il y a aussi un nouveau port où il y a plein de bateaux et de yachts de luxe.

J'ai déjà visité l'aquarium et le stade de rugby où j'ai vu un bon match. J'ai goûté des fruits de mer et c'était délicieux. Maman dit que je peux faire un stage de voile pendant les grandes vacances. En ville, on peut voir les vieilles arcades où il y a beaucoup de magasins.

Ce weekend, on va faire un pique-nique sur l'île d'Aix, une belle île dans l'océan Atlantique. On doit prendre le bateau de La Rochelle. Sur l'île, il y a peu de véhicules: on doit circuler à pied ou à vélo. Ça va être un peu trop tranquille pour moi ... Je vais prendre mon portable.

un stage de voile *a sailing course*

1 Where is La Rochelle and what is it like?
2 Describe the two harbours.
3 What three things has Freddy done so far?
4 What has Freddy's mum said about summer activities?

5 What can you see in town?
6 What is Freddy going to do this weekend?
7 What is special about the île d'Aix?
8 What does Freddy think it will be like?

4 You have just moved to a new town or village in the UK. Write a blog in French to tell people about it. Include:

- what type of place you have moved to and where it is
- what there is to do there

- two or three things you have already done
- what you are going to do this weekend.

1 Copy out the sentences correctly. Then translate them into English.

1 Danslepetitvillageoùj'habiteilyapeudepossibilitéssportives.

2 Aucentresportifonpeutfairedelamusculationoujoueraubasket.

3 Jefaisdujudoetparfoisjejoueaurugby,alorsjem'entraînetouslessamedis.

4 Jetrouveletennistrèsrelaxantetassezdivertissant,maisunpeufatigant.

5 Àmonavislagymnastiqueestplusdifficileetmoinsamusantequelefooting.

2 Adapt the sentences from exercise 1 to write a short paragraph about sport where you live, what sports you do and your opinion of different sports.

3 Read Clément Catastrophe's blog. Is each English sentence T (true), F (false), or NM (not mentioned in the text)?

J'adore faire du sport, mais la semaine dernière, c'était un désastre!

Lundi, je suis allé à la salle de fitness où j'ai fait de la musculation, mais j'ai eu un accident, donc maintenant j'ai mal à la main et au bras.

Mardi, j'ai fait du footing dans le parc, mais je suis tombé et maintenant j'ai mal à la jambe et au pied gauche.

Mercredi, je suis resté à la maison et j'ai mangé une pizza, mais après j'ai vomi toute la nuit et maintenant j'ai mal au ventre.

Alors, jeudi j'ai lu un magazine de sport dans le jardin, mais il a fait froid et aujourd'hui j'ai un rhume. J'ai très mal à la gorge et à la tête.

Ce n'est pas juste!

1 Clément is not very sporty.
2 At the gym, he hurt his hand and his leg.
3 He fell over while jogging in the park.
4 He spent Wednesday and Thursday at home.
5 After vomiting all night, he decided to see a doctor.
6 He got a sore throat and headache after reading in the garden.

4 Write a blog for Manon Malheur. Use the details below and adapt the text from exercise 3.

Friday – tennis – fell – hurt shoulder and neck

Saturday – horse riding – accident – bad back

Sunday – swimming – got a cold, sore nose and earache

Do you need *J'ai mal au / à la / à l'* or *aux* with each part of the body? Look back at Unit 4.

Tomber takes *être* in the perfect tense and Manon is female! So, what do you need to do to the past participle?

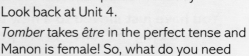

À toi **B**

1 Copy out the text in the correct order. Then translate it into English.

Je m'appelle Clara. Je joue au rugby et je suis membre d'un club. J'adore le …

1 champion ou championne de rugby, il faut être très

5 pas fumer et tu dois manger beaucoup de protéines comme

2 huit heures par nuit.

6 des œufs, de la viande et du poisson. En plus, tu dois dormir

3 rugby parce que je trouve les sports d'équipe plus

7 deux ou trois fois par semaine. Tu ne dois

4 passionnants que les sports individuels. Pour être

8 motivé et déterminé, parce qu'il faut s'entraîner

> Use thinking skills to help you work out the order of the text and look for grammar clues at the end of each line. What kind of word does the next one need to be? A noun? An adjective? An infinitive?

2 Translate the passage into French.

> Use *les sports d'hiver* and *les sports d'été.*
>
> Use *alors* or *donc.*

I love skiing because I find winter sports more interesting and more fun than summer sports. To be a skiing champion, you must work hard and you must train every day, so I go to the sports centre, where I do weight training and swimming. You must not smoke and you must not take drugs.

> Look back at the text in exercise 1 for help with grammar, vocabulary and phrases.

3 Read the text and answer the questions in English.

Selon un sondage pour des jeunes de seize à vingt-cinq ans:

- Plus de 50% des jeunes font du sport plusieurs fois par semaine.

- Un grand nombre de jeunes pratiquent deux ou trois sports différents.

- La majorité des jeunes fait du sport pour des raisons de santé. Pour eux, la santé est plus importante que la compétition.

- 53% des jeunes pratiquent un sport à la maison parce qu'ils trouvent que c'est moins cher et plus flexible que faire du sport en club. Seulement 36% pratiquent un sport en salle de fitness.

- Le footing et les sports d'équipe sont moins populaires chez les jeunes sportifs que la musculation.

- Pour certains jeunes, avoir assez de temps libre pour le sport est souvent un problème, à cause du travail ou des études.

1 Which age-range of young people took part in this survey?

2 How often do more than half of young people do sport?

3 Why do most young people do sport?

4 Where do they prefer to do sport and why? (two reasons.)

5 What is the most popular sporting activity?

6 Which two things often stop young people from doing sport?

plusieurs	several
la santé	health

Les verbes

Infinitives

Regular –er verb infinitives

acheter	to buy	essayer	to try (on)	quitter	to leave
adorer	to love	expliquer	to explain	regarder	to watch
aider	to help	étudier	to study	recommencer	to start again
aimer	to like	habiter	to live	rentrer	to return
arriver	to arrive	gagner	to win	rester	to stay (remain)
bavarder	to chat	jouer	to play	retrouver	to meet
bloguer	to blog	laisser	to leave (something)	rigoler	to laugh/joke
bricoler	to make things	manger	to eat	surfer	to surf
chanter	to sing	marcher	to walk	tchatter	to chat (online)
commencer	to start	marquer	to score (goal)	télécharger	to download
danser	to dance	nager	to swim	téléphoner	to phone
déménager	to move (house)	partager	to share	tourner	to turn
détester	to hate	participer (à)	to participate (in)	traîner	to hang around
dépenser	to spend	passer	to spend (time)	travailler	to work
discuter	to talk, discuss	préférer	to prefer	trouver	to find
écouter	to listen (to)	préparer	to prepare	visiter	to visit
envoyer	to send	porter	to wear	voyager	to travel

Regular –ir verb infinitives

applaudir	to clap/applaud	finir	to finish
choisir	to choose	vomir	to vomit

Regular –re verb infinitives

attendre	to wait for	perdre	to lose	vendre	to sell
entendre	to hear	rendre visite	to visit		

Modal verb infinitives (irregular)

vouloir	to want	pouvoir	can / to be able to	devoir	must / to have to

Reflexive verb infinitives

s'appeler	to be called	se coucher	to go to bed	s'habiller	to get dressed
se blesser	to get injured	se doucher	to shower	se laver	to have a wash
se coiffer	to do (your) hair	s'entraîner	to train	se lever	to get up

Irregular verb infinitives

aller	*to go*	courir	*to run*	partir	*to leave*
avoir	*to have*	être	*to be*	prendre	*to take*
boire	*to drink*	faire	*to do*	venir	*to come*
découvrir	*to discover*	lire	*to read*	voir	*to see*
dormir	*to sleep*				

Structures using infinitives

In French there are a number of verbs which are usually used followed by an infinitive.

Verbs of opinion + infinitives

aimer (*to like*)
j'**aime** regarder
tu **aimes** regarder
il/elle/on **aime** regarder
nous **aimons** regarder
vous **aimez** regarder
ils/elles **aiment** regarder

adorer (*to love*)
j'**adore** regarder
tu **adores** regarder
il/elle/on **adore** regarder
nous **adorons** regarder
vous **adorez** regarder
ils/elles **adorent** regarder

détester (*to hate*)
je **déteste** regarder
tu **détestes** regarder
il/elle/on **déteste** regarder
nous **détestons** regarder
vous **détestez** regarder
ils/elles **détestent** regarder

Modal verbs + infinitives

vouloir (*to want to*)
je **veux** regarder
tu **veux** regarder
il/elle/on **veut** regarder
nous **voulons** regarder
vous **voulez** regarder
ils/elles **veulent** regarder

pouvoir (*to be able to*)
je **peux** regarder
tu **peux** regarder
il/elle/on **peut** regarder
nous **pouvons** regarder
vous **pouvez** regarder
ils/elles **peuvent** regarder

devoir (*to have to*)
je **dois** regarder
tu **dois** regarder
il/elle/on **doit** regarder
nous **devons** regarder
vous **devez** regarder
ils/elles **doivent** regarder

The near future + infinitive

In order to say what you 'are going to do', use the present tense of **aller** (to go) + infinitive.
Aller changes depending on who you are talking about, but the infinitive always stays the same.

regarder – *to watch*	
je **vais** regarder	*I'm going to watch*
tu **vas** regarder	*you are going to watch*
il/elle **va** regarder	*he/she is going to watch*
on **va** regarder	*we are going to watch*
nous **allons** regarder	*we are going to watch*
vous **allez** regarder	*you are going to watch* (plural or polite)
ils/elles **vont** regarder	*they are going to watch*

Les verbes

The present tense regular verb patterns

Regular –er verbs

regarder – to watch
je regarde
tu regardes
il/elle/on regarde
nous regardons
vous regardez
ils/elles regardent

Regular -ir verbs

finir – to finish
je finis
tu finis
il/elle/on finit
nous finissons
vous finissez
ils/elles finissent

Regular -re verbs

attendre – to wait
j'attends
tu attends
il/elle/on attend
nous attendons
vous attendez
ils/elles attendent

Reflexive verbs

Reflexive verbs have a **reflexive pronoun**. It is used to show that an action happens to 'myself', 'yourself', 'himself', 'herself' etc. (e.g. 'I wash **myself**').

se laver – to have a wash	
je **me** lave	I have a wash
tu **te** laves	you have a wash
il/elle **se** lave	he/she has a wash
on **se** lave	we have a wash
nous **nous** lavons	we have a wash
vous **vous** lavez	you have a wash (plural or polite)
ils/elles **se** lavent	they have a wash

The perfect tense

The perfect tense is used to say what you did or have done, e.g. 'I went to France', 'I have been to France'.

Verbs with avoir

To form the perfect tense, most verbs need the present tense of **avoir** (to have) and a **past participle**.

e.g. *regarder – regardé (watched)*

regarder (*to watch*)
j'**ai** regardé
tu **as** regardé
il/elle/on **a** regardé
nous **avons** regardé
vous **avez** regardé
ils/elles **ont** regardé

choisir – choisi (chose)

choisir (*to choose*)
j'**ai** choisi
tu **as** choisi
il/elle/on **a** choisi
nous **avons** choisi
vous **avez** choisi
ils/elles **ont** choisi

perdre – perdu (lost)

perdre (*to lose*)
j'**ai** perdu
tu **as** perdu
il/elle/on **a** perdu
nous **avons** perdu
vous **avez** perdu
ils/elles **ont** perdu

Verbs with *être* (perfect tense)

Some verbs use *être* (rather than *avoir*) to form the perfect tense. The past participles of these verbs must agree with the subject.

aller (*to go*)
je **suis allé**(e)
tu **es allé**(e)
il **est allé**/elle **est allée**
on **est allé**(e)s
nous **sommes allé**(e)s
vous **êtes allé**(e)s
ils **sont allé**s elles **sont allée**s

partir (*to leave*)
je **suis parti**(e)
tu **es parti**(e)
il **est parti**/elle **est partie**
on **est parti**(e)s
nous **sommes parti**(e)s
vous **êtes parti**(e)s
ils **sont parti**s elles **sont partie**s

descendre (*to go down*)
je **suis descendu**(e)
tu **es descendu**(e)
il **est descendu**/elle **est descendue**
on **est descendu**(e)s
nous **avons descendu**(e)s
vous **avez descendu**(e)s
ils **sont descendu**s elles **sont descendue**s

Irregular verbs in the present and perfect tenses

Infinitive	Present tense				Perfect tense
aller – *to go*	je	**vais**	nous	**allons**	je **suis allé**(e)
	tu	**vas**	vous	**allez**	
	il/elle/on	**va**	ils/elles	**vont**	
avoir – *to have*	j'	**ai**	nous	**avons**	j'**ai eu**
	tu	**as**	vous	**avez**	
	il/elle/on	**a**	ils/elles	**ont**	
boire – *to drink*	je	**bois**	nous	**buvons**	j'**ai bu**
	tu	**bois**	vous	**buvez**	
	il/elle/on	**boit**	ils/elles	**boivent**	
être – *to be*	je	**suis**	nous	**sommes**	j'**ai été**
	tu	**es**	vous	**êtes**	
	il/elle/on	**est**	ils/elles	**sont**	
faire – *to do/make*	je	**fais**	nous	**faisons**	j'**ai fait**
	tu	**fais**	vous	**faites**	
	il/elle/on	**fait**	ils/elles	**font**	
lire – *to read*	je	**lis**	nous	**lisons**	j'**ai lu**
	tu	**lis**	vous	**lisez**	
	il/elle/on	**lit**	ils/elles	**lisent**	
partir – *to leave*	je	**pars**	nous	**partons**	je **suis parti**(e)
	tu	**pars**	vous	**partez**	
	il/elle/on	**part**	ils/elles	**partent**	
prendre – *to take*	je	**prends**	nous	**prenons**	j'**ai pris**
	tu	**prends**	vous	**prenez**	
	il/elle/on	**prend**	ils/elles	**prennent**	
venir – *to come*	je	**viens**	nous	**venons**	je **suis venu**(e)
	tu	**viens**	vous	**venez**	
	il/elle/on	**vient**	ils/elles	**viennent**	
voir – *to see*	je	**vois**	nous	**voyons**	j'**ai vu**
	tu	**vois**	vous	**voyez**	
	il/elle/on	**voit**	ils/elles	**voient**	

Glossaire

A

à dos de *on the back of*
à l'intérieur *inside*
à la demande *on demand*
à pied *on foot*
à plat *flat (battery)*
l' accès *access*
admettons que *let's admit that*
admettre *to admit*
admirer *to admire*
l' ado *adolescent*
l' aéroport *airport*
l' Afrique du Nord *North Africa*
l' Aïd *Eid*
aider *to help*
l' aigle *eagle*
l' ail *garlic*
l' album *album*
alpin(e) *Alpine*
l' ambiance *atmosphere*
l' amour *love*
l' antidouleur *painkiller*
les Antilles *West Indies*
applaudir *to clap*
l' appli *app*
apprécier *to appreciate*
apprendre *to learn*
les apprentis aventuriers
apprentice explorers
l' aquarium *aquarium*
l' arcade *(shopping) arcade*
l' arc-en-ciel *rainbow*
l' argent de poche *pocket money*
l' argent *money; silver*
arrogant(e) *arrogant*
l' arrosoir *watering-can*
l' assiette *plate*
l' astronaute *astronaut*
attendre ... avec impatience *to look
forward to ...*
attraper *to catch*
au centre *in the middle*
au fond *in the background, at the back*
au premier plan *in the foreground*
au sujet de *on the subject of*
l' aurore polaire *Southern Lights*
l' auteur *author*
autour de *around*
autre *other*
autrement *differently*
l' aviateur *aviator, pilot (m)*
l' aviatrice *aviator, pilot (f)*
l' avion *aeroplane*
avoir envie de *to want to*
avoir l'air de *to seem, to appear*
avoir l'air heureux(-se) *to look happy*
azur *azure*

B

les bagages *luggage*
la baguette *baguette, French stick*
la balade *walk*
la balançoire *swing*
le ballon *ball*
la bande *band, stripe*
les bandes-annonces *trailers*
le bar *bar*
la base *base*
la batterie *battery*
beau (belle) *beautiful*
beaucoup de *lots of*
la Belgique *Belgium*
bête *stupid*
le beurre *butter*
la bibliothèque *library*
bientôt *soon*
bio *organic*
le/la biologiste *biologist*
bizarre *bizarre, strange, weird*
le blaireau *badger*
blanc(he) *white*
blessé(e) *injured*
la boisson *drink*
bon marché *a bargain, cheap*
les bonbons *sweets*
le bonheur *happiness*
les bottes *boots*
la bouche *mouth*
bourré(e) de monde *crammed full
with people*
le bracelet *bracelet*
le Brésil *Brazil*
brésilien(ne) *Brazilian*
bricoler *to make things*
briller *to shine*
bronzé(e) *tanned*
le bruit *noise*
brûler *to burn*
la bûche *log*
le bureau des objets trouvés
lost property office

C

caché(e) *hidden*
le camion *lorry*
le camp de réfugiés *refugee camp*
le campeur *camper*
le canapé *sofa, settee*
le capitaine *captain*
car *because, for, as*
le carnaval *carnival*
la carotte *carrot*
la carte *card; map*
la casquette *cap*
casser *to break*

célèbre *famous*
des centaines de *hundreds of*
cercler *to circle, turn in a circle*
la chaîne *channel (TV, radio, etc.)*
le chameau *camel*
le chamois *chamois (type of deer)*
le championnat *championship*
la Chandeleur *Candlemas (Pancake day)*
changer de couleur *to change colour*
la chanson *song*
chanter *to sing*
chaque *each, every*
le chat *cat*
le château *castle*
la chauve-souris *bat*
cher (chère) *expensive*
chercher *to look for, to search*
le cheval *horse*
choisir *to choose*
la chouette *owl*
chuchoter *to whisper*
le ciel *sky*
le ciné *cinema*
le cinématographe *cinematograph,
film camera*
circuler *to get around*
clair *clear, light*
le clip *clip, trailer*
le coco *coconut*
codifier *to standardise*
le/la collègue *colleague*
coloré(e) *coloured*
combien de fois? *how many times?*
comme ça *like that*
commencer *to start, begin*
la compétition *competition,
competitiveness*
le concours *competition*
la confiture *jam*
connu(e) *known*
les conseils *advice*
construire *to construct*
content(e) *happy*
le continent *continent*
le copain *friend (m)*
la copine *friend (f)*
la coquille *(sea)shell*
le/la corres *pen-pal*
le correspondant *pen-pal (m)*
la correspondante *pen-pal (f)*
la côté *side*
la courgette *courgette*
courir *to run*
la course *race*
le couscous *couscous (semolina granules)*
le cousin *cousin (m)*
la cousine *cousin (f)*
coûter *to cost*
créer *to create*

la crème fraîche *crème fraîche (thick sour cream)*
la crêpe *pancake, crepe*
crier *to shout*
croiser les doigts *to cross your fingers*

D

la date *date*
la datte *date (fruit)*
le dauphin *dolphin*
de haut *high, in height*
de rien *not at all (expression)*
de temps en temps *from time to time*
décorer *to decorate*
découvrir *to discover*
dedans *inside*
la défense *defence*
déguisé(e) en *disguised as, dressed up as*
délicieux(-se) *delicious*
la dentelle *lace*
dépasser *to go/come over*
dépenser *to spend*
le désastre *disaster*
désastreux(-se) *disastrous*
descendre *to go down, descend*
désolé(e) *sorry*
le désert *desert*
le dessert *dessert*
le dessin animé *cartoon*
la destination *destination*
deuxième *second*
devant *in front of*
devenir *to become*
différent(e) *different*
le dîner *dinner*
direct *direct*
discuter *to chat, discuss*
la diversité *diversity*
Diwali *Diwali*
le doigt *finger*
le dommage *pity, shame*
le donjon *dungeon*
dormir *to sleep*
doucement *gently*
le dragon *dragon*
le drapeau *flag*
les draps *curtains*
drôle *funny*
la dune *sand-dune*
dur(e) *hard*
durer *to last*

E

l' eau minérale *mineral water*
l' échange scolaire *school exchange*
l' écrivain(e) *writer*
l' écureuil *squirrel*
les effets spéciaux *special effects*

effrayant *scary, frightening*
égoïste *selfish*
l' éléphant *elephant*
ému(e) *moved, touched, filled with emotion*
en danger d'extinction *in danger of extinction*
en direct *live*
en face de *opposite*
en moyenne *on average*
en retard *late*
l' endroit *place*
énorme *enormous*
ensemble *together*
entendre *to hear*
entier(-ère) *whole*
l' entraînement *training*
environ *about, around*
l' environnement *environment*
l' épicerie *grocery shop*
l' épreuve *test*
l' équipe *team*
escalader *to climb*
étinceler *to sparkle*
l' étoile *star*
être classé(e) *to be classed*
être d'accord *to agree*
les études *studies*
eux *them*
l' événement *event*
l' expérience *experience*
expliquer *to explain*
l' explorateur(-trice) *explorer*
explorer *to explore*
extraordinaire *extraordinary*

F

fabuleux(-euse) *fabulous*
facile *easy*
faire de la luge *to go tobogganing*
faire de la plongée sous-marine *to go deep-sea diving*
faire de la voile *to go sailing*
faire du cheval *to go horseriding*
la famille d'accueil *foster family*
fascinant(e) *fascinating*
fermé(e) *closed*
la ferme *farm*
la fête *festival, fete, celebration*
la fête des Mères *Mothers' Day*
la fête du travail *Labour Day*
la fête nationale *Bastille Day*
fêter *to celebrate*
le feu *fire*
la fève *(lucky) charm*
le fils *son*
la fin *end*
finir *to finish*
flâner *to stroll*
flexible *flexible*

flottant(e) *floating*
la fois *time*
folklorique *of folklore*
foncé(e) *dark, deep*
la forêt *forest*
frais (fraîche) *fresh*
franco-canadien(ne) *French-Canadian*
frit(e) *fried*
le fromage blanc *fromage blanc (soft white cheese)*
la frontière *border, frontier*
le fruit de la passion *passion fruit*
les fruits de mer *seafood*
fuir *to run away, flee*
furieux(-se) *furious*

G

gagner *to win*
la galette des Rois *king cake (eaten on Epiphany)*
le/la garde de sécurité *security guard*
garni(e) *garnished*
le gâteau *cake*
généreux(-se) *generous*
les gens *people*
gentil(le) *kind*
goûter *to taste*
les grandes vacances *summer holidays*
gratter *to scratch*
gratuit(e) *free*
grave *serious*
grignoter *to snack*
le gros plan *close-up*
le groupe de joueurs de basket *group of basketball players*
la groupe de percussions *band of drummers, percussion band*
la guerre *war*
la guitare *guitar*

H

le hamster *hamster*
le handisport *parasport*
haut(e) *high*
l' hémisphère Sud *Southern Hemisphere*
l' herbe *grass*
hier *yesterday*
l' hôtel *hotel*
humide *humid*

I

idéal(e) *ideal*
il n'y a rien *there's nothing*
il pleut *it rains, it's raining*
incroyable *incredible*
inoubliable *unforgettable*
l' inspiration *inspiration*

Glossaire

inspiré(e) de *inspired by*
intelligent(e) *intelligent, clever*
l' inventeur *inventor*
l' invité(e) *guest*
inviter *to invite*
l' ivoire *ivory*

J

le jeu-test *quiz*
joli(e) *pretty*
le joueur *player* (m)
la joueuse *player* (f)
le jour férié *public holiday*
la journée *day*
joyeux(-euse) *happy*
jusqu'à *until*

K

le kangourou *kangaroo*

L

là-bas *over there*
le labo (laboratoire) *laboratory*
laid(e) *ugly*
laisser *to leave*
la lampe *lamp*
lancer *to throw*
le lapin *rabbit*
le plus de *the most*
la lecture *reading*
le lièvre *hare*
la liste *list*
le litchi *lichee*
locale *local*
la luge *toboggan*
lumineux(-euse) *bright*
le lynx *lynx*

M

magique *magic (adj)*
le maillot de bains *swimsuit*
le maillot de basket *basketball shirt*
le maillot de course *running vest*
maintenant *now*
la majorité *majority*
mal à l'aise *uncomfortable, ill at ease*
la mamie *granny*
la Manche *English Channel*
les manèges *rides*
la mangue *mango*
le mannequin *model*
le marché *market*
marcher *to walk*
la marmotte *marmot, groundhog*
marquer un but *to score a goal*
marquer un panier *to score a basket*
la marraine *godmother*

marron *brown*
méchant(e) *nasty, mean*
les mecs *guys*
la médaille *medal*
le médecin *doctor*
la méduse *jelly-fish*
meilleur(e) *best*
même si *even if*
la mer *sea*
mériter *to deserve*
merveilleux(-se) *marvellous*
messieurs-dames *ladies and gentlemen*
mesurer *to measure*
la météo *weather*
le/la météorologue *meteorologist*
mettre *to put (on)*
miam-miam! *yum yum!*
le millénaire *millennium*
le milliard *billion*
le millier *(about a) thousand*
le million *million*
minuit *midnight*
moderne *modern*
modeste *modest*
moins *less*
le monde *world*
les montagnes russes *rollercoaster*
monter *to climb, to go up*
la montgolfière *hot-air balloon*
le monument *monument*
mort(e) *dead*
le mouchoir *handkerchief, tissue*
les moules *mussels*
multicolore *multicoloured*
le mur *wall*
le musicien *musician* (m)
la musicienne *musician* (f)
musulman(e) *Muslim*
mystérieux(-euse) *mysterious*

N

nautique *nautical*
né(e) *born*
la neige *snow*
neutre *neutral*
nocturne *nocturnal*
Noël *Christmas*
noir(e) *black*
nouveau(-elle) *new*
le Nouvel An *New Year*
la Nouvelle-Zélande *New Zealand*
la nuit *night*

O

observer *to study, to observe*
l' océan *ocean*
l' œuf *egg*
l' oignon *onion*

l' oiseau *bird*
l' olive *olive*
omnivore *omnivorous*
on s'en moque *we don't care*
l' or *gold*
l' ordinateur *computer*
organiser *to organise*
ouvrir *to open*

P

le palais *palace*
le pansement *bandage*
le pantalon *trousers*
les pantoufles *slippers*
le papier *paper*
le papillon de pâte *pastry butterfly*
Pâques *Easter*
par contre *on the other hand*
pareil *(the) same*
paresseux(-se) *lazy*
parfait(e) *perfect*
parfois *sometimes*
le pari *bet*
le/la partenaire *partner*
le participant *participant*
partout *everywhere*
passer *to spend (time)*
la pâte *pastry*
le pâtissier *baker, cake-maker* (m)
la pâtissière *baker, cake-maker* (f)
pêcher *to fish*
perdre *to lose*
la personne *person*
peser *to weigh*
peu de *little*
photographié(e) *photographed*
les pieds *feet*
la piste d'athlétisme *athletics track*
pittoresque *picturesque*
le plan *map, plan*
la plante *plant*
le plastique *plastic*
le plat *dish*
plein(e) de *plenty of*
la plongée sous-marine *deep-sea diving*
le plongeon *diving*
la pluie *rain*
plus de *more than*
plusieurs *several*
les pois chiches *chickpeas*
poisseux(-se) *sticky*
polaire *Polar*
polluer *to pollute*
les pommes de terre *potatoes*
populaire *popular*
le porc *pork*
le port *port*
le porte-monnaie *purse*
porter *to wear; to carry*
poser *to ask*

la poste de television *TV set*
le poulet *chicken*
pouvoir *to be able to*
pratiquer *to practise, to do*
précieux(-se) *precious*
premier(-ère) *first*
le prénom *first name*
préparer *to prepare*
près de *near to*
presque *almost*
principal(e) *main*
le problème *problem*
protéger *to protect*
la protéine *protein*
les publicités *adverts*

Q

quel(le) idiot(e)! *what an idiot!*
quelque part *somewhere*
la question subsidiaire *tie-breaker*
le quotidien *everyday life*

R

la raison *reason*
raisonnable *reasonable, sensible*
le rap *rap*
rapide *quick*
rapidement *quickly*
le réalisateur *director*
récemment *recently*
le/la refugié(e) *refugee*
la région *region*
la règle *rule*
relax *relaxed*
rempli *full*
représenter *to represent*
le réseau *signal (mobile phone/wifi)*
résister *to resist*
ressembler *to resemble*
la ressource *resource*
le resto *restaurant (colloquial)*
retourner *to return*
la Réunion *Reunion Island*
ridicule *ridiculous*
rien *nothing*
rien de spécial *nothing special*
rire *to laugh*
le rire *laugh (noun)*
la rivière *river*
le rôle *role*
romantique *romantic*
ronfler *to snore*
la route *road, route*
le Royaume-Uni *United Kingdom*
la rue *street*

S

le sac *bag*
la Saint-Valentin *St Valentine's day*
saisir *to grab*
la saison *season*
sale *dirty*
salé(e) *salty, savoury*
la salade *lettuce, salad*
la salle de fitness *gym, fitness suite*
la salopette *salopettes, ski trousers*
le sanglier *boar*
la santé *health*
la sauce *sauce*
le saut en longueur *long jump*
sauter *to fry*
la scène *scene*
le/la scientifique *scientist*
scolaire *school (adj)*
se défouler *to unwind, to de-stress*
se jetter *to throw yourself*
se marier *to get married*
se moucher *to blow one's nose*
se rassembler *to gather together*
se reposer *to rest*
se rincer *to rinse yourself*
se sentir *to feel*
sec (sèche) *dry*
la semoule *couscous grains, semolina*
sentir *to smell*
s'entraîner *to train*
sérieux(-se) *serious*
seul(e) *alone*
seulement *only*
sexuel(le) *sexual*
le siècle *century*
la soirée *evening*
les soldes *sales*
le soleil *sun*
sombre *sombre, dark*
le sondage *survey*
le souci *worry, care*
souhaiter *to wish*
la source *source*
spectaculaire *spectacular*
les spectateurs *spectators*
les sports nautiques *water sports*
le stage de voile *sailing course*
la Station spatiale internationale *International Space Station*
la station-service *petrol station*
le store *(window) blind*
stressé(e) *stressed*
le sud-ouest *south-west*
le sujet *subject*
super-rapide *superfast*
le supporter *supporter (m)*
la supportrice *supporter (f)*
surpris(e) *surprised*

surtout *especially*
surveiller *to watch over, to monitor*
le symbolisme *symbolism*

T

le tableau *painting*
la technique *technique*
la temperature *temperature*
le temps libre *free time*
la tente *tent*
le terrain de basket *basketball court*
terrifiant(e) *terrifying*
le thème *theme*
le thon *tuna*
le tigre *tiger*
travailleur(-se) *hard-working*
le toboggan *toboggan*
la tomate *tomato*
la tortue marine *sea turtle*
tôt *early*
toucher *to touch*
le tour *tour*
le tournoi *tournament*
la Toussaint *All Saints' Day*
tout en haut *up high*
traditionnel(le) *traditional*
traverser *to cross*
la trompe *trunk (of an elephant)*
la trompette *trumpet*
tropical(e) *tropical*
trouver *to find*
le tunnel *tunnel*

V

le vacancier *holiday-maker (m)*
la vacancière *holiday-maker (f)*
varié(e) *varied*
le véhicule *vehicle*
vendu(e) *sold*
venir de *to come from*
le vent *wind*
vers *around*
la veste *jacket*
le viaduct *viaduct*
la viande *meat*
le vin blanc *white wine*
la voix *voice*
vomir *to be sick, to vomit*
le voyage *journey*
le yacht de luxe *luxury yacht*

Z

le zoo *zoo*

Instructions

Français	English
Adapte (les phrases / le texte) …	Adapt (the sentences / the text) …
Associe (les phrases et les images) …	Match (the sentences and the pictures) …
Ça se dit comment en français?	How do you say that in French?
Change les détails soulignés …	Change the underlined details …
Choisis (la bonne réponse / un acteur ou une actrice / la photo) …	Choose (the right response / an actor or an actress / the photo) …
Complète le diagramme avec tes propres réponses.	Complete the diagram with your own responses.
Copie et complète (le tableau / les phrases).	Copy and complete (the table / the sentences).
Copie et traduis …	Copy and translate …
Décris …	Describe …
Écoute (encore une fois) et vérifie.	Listen (again) and check.
Écoute et décide si chaque personne est positive (P), négative (N) ou les deux (P et N).	Listen and decide if each person is positive (P), negative (N) or both (P and N).
Écoute et note la bonne lettre.	Listen and note the right letter.
Écoute et lis …	Listen and read …
Écoute l'interview et vérifie tes réponses.	Listen to the interview and check your answers.
Écoute … Qui parle?	Listen … Who is speaking?
Écris cinq phrases …	Write five sentences …
Écris (la bonne lettre / le bon prénom / des notes).	Write (the right letter / the right name / some notes).
En groupe.	In a group.
En tandem.	In pairs.
Fais une conversation (avec ton/ta camarade).	Make a conversation (with your partner).
Fais un sondage. Pose quatre questions à tes camarades.	Do a survey. Ask your classmates four questions.
Interviewe ton/ta camarade.	Interview your classmate.
Jeu de mémoire.	Memory game.
Jeu de rôle.	Role play.
Lis … à haute voix.	Read … out loud.
Lis et complète … avec les mots de la case.	Read and complete … with the words in the box.
Lis et devine …	Read and guess …
Lis le texte et réponds aux questions (en anglais).	Read the text and answer the questions (in English).
Lis … Qui parle?	Read … Who is speaking?
Mets … dans le bon ordre.	Put … in the right order.
Parle de …	Speak about …
Puis écoute et réponds.	Then listen and answer.
Puis écoute et vérifie.	Then listen and check.
Qu'est-ce qu'il y a sur la photo?	What is in the photo?
Qui parle?	Who is speaking?
Ré-écris …	Rewrite …
Regarde la photo / l'image et prépare tes réponses aux questions.	Look at the photo / the image and prepare your answers to the questions.
Relis …	Re-read …
Remplace les détails soulignés par …	Replace the underlined details with …
Traduis le texte / ces phrases en français.	Translate the text / these sentences into French.
Traduis en anglais / français …	Translate into English / French …
Trouve les expressions en français.	Find the expressions in French.
Trouve les paires / les verbes / les phrases.	Find the pairs / the verbs / the phrases.
Vrai ou faux?	True or false?